Viagem ao Sítio do Sossego dos Embaixadores do Rei:

Minha inesquecível viagem a o Sítio do Sossego em Rio Dourado, distrito de Casemiro de Abreu em Maria Fumaça

Editora Appris Ltda.
1.ª Edição - Copyright© 2024 do autor
Direitos de Edição Reservados à Editora Appris Ltda.

Nenhuma parte desta obra poderá ser utilizada indevidamente, sem estar de acordo com a Lei nº 9.610/98. Se incorreções forem encontradas, serão de exclusiva responsabilidade de seus organizadores. Foi realizado o Depósito Legal na Fundação Biblioteca Nacional, de acordo com as Leis nºs 10.994, de 14/12/2004, e 12.192, de 14/01/2010.

Catalogação na Fonte
Elaborado por: Dayanne Leal Souza
Bibliotecária CRB 9/2162

N518v
2024
	Neves, Edgard Pinto
	    Viagem ao sítio do sossego dos embaixadores do rei: minha inesquecível viagem ao sítio do sossego em Rio Dourado, distrito de Casimiro de Abreu em maria fumaça / Edgard Pinto Neves. – 1. ed. – Curitiba: Appris, 2024.
	    148 p. ; 21 cm.
	
	    Inclui referências.
	    ISBN 978-65-250-7021-6
	
	    1. Viagem. 2. Maria fumaça. 3. Rio Dourado. I. Neves, Edgard Pinto. II. Título.
	
	                                                                                                           CDD – B869

Editora e Livraria Appris Ltda.
Av. Manoel Ribas, 2265 – Mercês
Curitiba/PR – CEP: 80810-002
Tel. (41) 3156 - 4731
www.editoraappris.com.br

Printed in Brazil
Impresso no Brasil

Edgard Pinto Neves

Viagem ao Sítio do Sossego dos Embaixadores do Rei:

Minha inesquecível viagem a
o Sítio do Sossego em Rio Dourado,
distrito de Casemiro de Abreu
em Maria Fumaça

Curitiba, PR
2024

FICHA TÉCNICA

EDITORIAL	Augusto V. de A. Coelho
	Sara C. de Andrade Coelho
COMITÊ EDITORIAL	Marli Caetano
	Andréa Barbosa Gouveia (UFPR)
	Edmeire C. Pereira (UFPR)
	Iraneide da Silva (UFC)
	Jacques de Lima Ferreira (UP)
SUPERVISORA EDITORIAL	Renata C. Lopes
PRODUÇÃO EDITORIAL	Daniela Nazario
REVISÃO	Cristiana Leal
DIAGRAMAÇÃO	Amélia Lopes
CAPA	Kananda Ferreira
REVISÃO DE PROVA	Bianca Pechiski

Agradecimentos.

Quero agradecer, de coração, a grande oportunidade de participar desse belo passeio. Agradeço ao nosso maravilhoso Deus, à minha querida mãe, ao meu meio irmão, Tito, *in memoriam*, por ter me conduzido à estação Leopoldina, no Centro do Rio.

Ao meu querido pastor Antônio Dutra Júnior, *in memoriam*, aos responsáveis pelo acampamento e aos conselheiros das Embaixadas, não lembro seus nomes, à Convenção Batista Brasileira, à Sociedade Batista dos Homens do Brasil.

Por fim, não poderia deixar de lembrar desse líder inconteste, o pastor William Alvin Hatton, *in memoriam*, a quem agradeço por ter colocado no coração a missão evangelística de fazer adolescentes e jovens crescerem na estatura de Cristo, por ter criado o embrião das Embaixadas do Rei nas Igrejas Batista do Brasil e por ter ofertado o Sítio do Sossego à Convenção Batista Brasileira.

Obrigado a todos que me acompanharam nesta extraordinária aventura!

Dedico este livro a Deus, em primeiro lugar, por estar sempre ao meu lado em todos os momentos da minha vida.

A minha adorável mãe, Débora Pinto Neves, por ter sido a responsável direta pelo meu sucesso.

A minha bela e amorosa esposa, Nerias Barbosa Pinto Neves, que esteve sempre ao meu lado nos momentos bons e em alguns difíceis e deu-me o privilégio de, juntos, construirmos uma linda família.

Pelo meu rosto corre duas lágrimas furtivas.

Eternas lembranças.

Prefácio.

Tenho a honra de apresentar ao público um livro de Edgard Pinto Neves, meu querido amigo e amoroso pai. Sempre dedicado e cuidadoso nos detalhes com sua família, em especial por sua mãe, esposa e filhos, com vasta carreira militar e temente a Deus. Dividiu conosco, por meio de cada página, a singularidade, autenticidade e a simplicidade de seu cotidiano, dando-nos a oportunidade de viajar pelos mais diversos aspectos do Rio de Janeiro a partir de sua ótica, no vagão da Maria Fumaça. Uma obra literária que busca retratar as memórias de grandiosas experiências vividas pelo autor com inspiração para o leitor. O presente livro intitulado traz um sopro de reflexão. Você, leitor, terá o prazer de contemplar e viajar nessa Maria Fumaça cheia de emoções e aventuras realizadas pelo escritor.

O livro inicia com a viagem inesquecível de um jovem, feita em um trem, as emoções ao viajar para tão longe sem seus pais por ser ainda pequeno, faz desse momento impactante e memorável, passando por mais belas paisagens, pontos históricos e marcantes da cidade carioca, que até hoje são contemplados. O trem chega à estação, vamos embarcar nessa viagem encantadora?

Prepara-se... O trem passa por locais de histórias marcantes: Quinta da Boavista; CEFET; Museu do Índio, suas histórias, seus encantos e tristezas. Retrata e apresenta o tempo dedicado à vida militar, no quartel, sua história remete ao tempo atual, de superação e vitórias. O Maracanã, o encanto juvenil de quem o visitou várias vezes, sua construção; as favelas, entre elas Mangueira e Esqueleto, com organização e trabalho evangelístico; o polo industrial de Benfica, formação, crescimento e falência; a história dos bairros adjacentes à estrada de ferro, uma pausa na viagem para contar a organização das Igrejas Batistas, histórias do autor, aventura, pescaria, estada na casa da avó materna, seu batismo, no retorno ao trem, já acomodado no vagão, iremos para mais uma aventura... Seguimos para a segunda história de sua vida militar, a tragédia do desmoronamento da Serra das Araras, contada por um sobrevivente, a organização e formação dos bairros, a hilariante história da preparação da visita de um grupo de ET a Casimiro de Abreu, as aventuras nas corredeiras do rio Macaé, a deslumbrante chegada em Rio Dourado, uma breve descrição do Sítio e a estada no local, por fim uma linda exposição pelo responsável do Sítio em sua compra.

Que viagem! Cada estação nos permite experimentar as nuances de uma época e viajar também no tempo e espaço. Também as experiências do autor nos confrontam com a superação de enfrentar nossos medos, anseios e frustrações.

Com os textos desta obra em mente, finalizo este prefácio com a frase de George Eliot: "Nunca é tarde para você ser aquilo que poderia ter sido". E finalizo, ainda, com alusão à fidelidade de José com a do autor Edgard, ambos com caráter inegociável e resiliência moral, exemplos de responsabilidade, trabalho diligente, ética pessoal e profissional, respeito e obediência aos pais e a Deus, integridade e moral elevada. "Assim, não fostes vós que me enviastes para cá, senão Deus, que me pôs por pai de Faraó, e por senhor de toda a sua casa, e como regente em toda a terra do Egito." (Gênesis 45:8).

Que esta obra faça diferença na vida de cada leitor, com aventuras extraordinárias para você e todos que o cercam. Agora, embarque na sua viagem!

Boa leitura!

Nadejda Barbosa Pinto Neves Pinheiro

Mestre em Diversidade e Inclusão pela UFF – CMPDI.
Especialista em Novas Tecnologias no Ensino da
Matemática pela UFF e em Gestão pela FAVENI.
Licenciada em Matemática pela UFF.

Sumário.

CAPÍTULO I
PREPARATIVOS PARA A VIAGEM.. 17

CAPÍTULO II
A VIAGEM – A PARTIDA.. 24

CAPÍTULO III
HISTÓRIA DA QUINTA DA BOA VISTA... 26

CAPÍTULO IV
CENTRO FEDERAL DE EDUCAÇÃO TECNOLÓGICA
SUCKOW DA FONSECA... 29

CAPÍTULO V
PRIMEIRO GRUPO DE CANHÕES 40
AUTOMÁTICO ANTIAÉREO.. 30

CAPÍTULO VI
INÍCIO DE MINHA VIDA MILITAR NO PRIMEIRO GRUPO
DE CANHÕES 40 AUTOMÁTICO ANTIAÉREO...32

CAPÍTULO VII
UMA PEQUENA HISTÓRIA DO MUSEU DO ÍNDIO................................. 38

CAPÍTULO VIII
PRESÍDIO EVARISTO DE MORAES – CENTRO MUNICIPAL
DE ZOONOSE – DRAMA/RESGATE DO CACHORRO
CONDENADO À MORTE.. 40

CAPÍTULO IX
BREVE HISTÓRIA DO MARACANÃ 43

CAPÍTULO X
FAVELA DO ESQUELETO 47

CAPÍTULO XI
BREVE HISTÓRIA DO SEMINÁRIO TEOLÓGICO BATISTA
BETEL DO
RIO DE JANEIRO 49

CAPÍTULO XII
UMA BREVE HISTÓRIA DA IGREJA BATISTA
EM SÃO FRANCISCO XAVIER 51

CAPÍTULO XIII
BREVE HISTÓRIA DA SEGUNDA IGREJA BATISTA
DO RIO DE JANEIRO 54

CAPÍTULO XIV
FAVELA DE MANGUEIRA 56

CAPÍTULO XV
A FÁBRICA CHAPÉU MANGUEIRA 58

CAPÍTULO XVI
AVENTURAS NA COSTA VERDE – SAHY – PESCA E CAMPING 60

CAPÍTULO XVII
BREVE RELATO SOBRE A LINHA FERROVIÁRIA AUXILIAR 63

CAPÍTULO XVIII
BREVE HISTÓRIA DA PRIMEIRA IGREJA BATISTA
DE INHAÚMA 65

CAPÍTULO XIX
BREVE RELATO SOBRE O BAIRRO ROCHA MIRANDA
E BENTO RIBEIRO 67

CAPÍTULO XX
HISTÓRIA E ORGANIZAÇÃO DA PRIMEIRA IGREJA BATISTA
DE BENTO E RIBEIRO 69

CAPÍTULO XXI
HISTÓRIA E ORGANIZAÇÃO DA PRIMEIRA IGREJA BATISTA
DE ROCHA MIRANDA 71

CAPÍTULO XXII
UM POUCO DE FRANCISCO ALVES 74

CAPÍTULO XXIII
HISTÓRIA DO PARQUE E DEPÓSITO DE MATERIAL
DE COMUNICAÇÕES E ELETRÔNICA 77

CAPÍTULO XXIV
HISTÓRIA DE MEU TEMPO NA AMAN 81

CAPÍTULO XXV
COMPLEXO INDUSTRIAL DE BENFICA - SEU APOGEU
E DECLÍNIO 87

CAPÍTULO XXVI
BAIRRO MANGUINHOS 89

CAPÍTULO XXVII
HISTÓRIA DO BAIRRO DE RAMOS 91

CAPÍTULO XXVIII
HISTÓRIA DO BAIRRO BONSUCESSO 94

CAPÍTULO XXIX
HISTÓRIA DO BAIRRO OLARIA.. 96

CAPÍTULO XXX
HISTÓRIA DO BAIRRO DA PENHA.. 98

CAPÍTULO XXXI
HISTÓRIA DO BAIRRO BRÁS DE PINA... 101

CAPÍTULO XXXII
HISTÓRIA DO BAIRRO DE CORDOVIL..104

CAPÍTULO XXXIII
HISTÓRIA DE PARADA DE LUCAS..107

CAPÍTULO XXXIV
HISTÓRIA DO MUNICÍPIO DUQUE DE CAXIAS....................................109

CAPÍTULO XXXV
UM POUCO DA HISTÓRIA DE SARACURUNA.......................................115

CAPÍTULO XXXVI
DIRETORIA ADMINISTRATIVA DO CLUBE DOS SUBTENENTES
E SARGENTO DO EXÉRCITO/NO ROCHA...117

CAPÍTULO XXXVII
ESTAÇÃO FERROVIÁRIA MAUÁ.. 118

CAPÍTULO XXXVIII
HISTÓRIA DO MUNICÍPIO DE MAGÉ..119

CAPÍTULO XXXIX
HISTÓRIA DO MUNICÍPIO DE ITABORAÍ..121

CAPÍTULO XL
BREVE HISTÓRIA DO MUNICÍPIO DE TANGUÁ 123

CAPÍTULO XLI
HISTÓRIA DO MUNICÍPIO DE RIO BONITO 125

CAPÍTULO XLII
HISTÓRIA DO MUNICÍPIO DE SILVA JARDIM 127

CAPÍTULO XLIII
HISTÓRIA DO MUNICÍPIO DE CASIMIRO DE ABREU 132

CAPÍTULO XLIV
RIO DOURADO 139

CAPÍTULO XLV
HISTÓRIA DO SÍTIO DO SOSSEGO 141

REFERÊNCIAS 144

Capítulo I

Preparativos para a viagem

Por volta dos meus 10/12 anos, fiz uma viagem ao Sítio do Sossego para um acampamento dos Embaixadores do Reis em Rio Dourado, município de Casimiro de Abreu, no Estado do Rio de Janeiro.

Eu participava da classe de Intermediários e Embaixadores do Rei na Primeira Igreja Batista de Campo Grande, cujo pastor na época era Antônio Dutra Júnior, *in memoriam*, grata lembrança. Ele foi responsável pelo meu crescimento espiritual, educacional e tratou-me quando eu estava em depressão. Na época, estava impedido de conseguir um emprego e aguardava ingresso no Exército, em função de ter sobrado na inspeção de saúde por uma incompatibilidade entre meu peso e minha altura. Então, o pastor Antônio Dutra Júnior orientou minha mãe a matricular-me no Colégio Batista Shepard na Tijuca.

Fui membro dessa Igreja por muitos anos. Eu a frequentava desde meus 5 anos quando minha família foi morar em Campo Grande. Só saí a pedido do pastor da Igreja Batista de Boa Esperança, por volta de 1970, para auxiliá-lo. Depois saí da Igreja Batista Boa Esperança, para, junto de outros irmãos, organizar a Igreja Batista de Vila Comari, próxima à minha residência.

Meus primeiros passos na igreja se deram em meados do ano de 1945, quando tinha 4 anos. Nos tempos de adolescente, meu irmão Itinha, Itamar Filho, e eu ajudamos na construção do novo templo; nós separamos as pedras de mão e dávamos aos pedreiros para a formação do alicerce. Na época o responsável pela obra era o diácono e regente do coral da igreja, o irmão Enéas. Também cortamos os sacos de cimentos e os usamos amassados para fechar as frestas das tábuas, para bloquear a passagem do cimento fresco e molhado durante a forração do concreto.

Mais tarde, quando foi criado o Colégio Batista de Campo Grande, estudamos nele. Participamos das formaturas, dos desfiles, dos dias festivos nacionais pelas ruas de Campo Grande. Num deles, fomos Guarda da Bandeira do Brasil e, noutro, levamos o círculo principal, o central, do símbolo dos jogos olímpicos marcando os cinco continentes.

I. 1 Breve história da Igreja Batista de Campo Grande/Rio de Janeiro

"Em 18 de dezembro de 1903, sábado, ocorreu a organização da Igreja de Christo denominada Baptista do Curato de Santa Cruz (hoje PIB de Campo Grande), sob os auspícios da IB Engenho de Dentro (hoje 2ª IB do Rio de Janeiro)." Membros-fundadores (15). (1)

"Vale lembrar a atuação da Primeira Igreja Batista do Rio de Janeiro (PIBRJ), sob a direção do pastor Francisco Fulgêncio Soren, na organização das Igrejas Batistas no Rio de Janeiro, na capital e no interior do estado. No período de 1900 a 1927, foram 11 igrejas, sendo nove na capital e duas no Estado.

O projeto consistia em nove pontos estratégicos para atender a membros que moravam distantes e faziam cultos em suas casas, os chamados 'cultos domésticos'. Com o crescimento quantitativo de membros, organizaram-se as igrejas. A Primeira Igreja Batista de Campo Grande ficava sob responsabilidade da Segunda Igreja Batista do Rio de Janeiro, Santa Cruz e Madureira". (Anais de História e Parceria-Álvaro Ramos Oliveira/Mestre em História Social da Cultura) (2)

"A história da Primeira Igreja Batista de Campo Grande começa, inusitadamente, no bairro de Santa Cruz. Foi lá que, no ano de 1900, um grupo de irmãos da "Igreja Evangélica Baptista do Engenho de Dentro", hoje, Segunda Igreja Batista do Rio de Janeiro, iniciou um ponto de pregação do evangelho.

Durante dois anos, o trabalho foi coordenado pelo pastor Florentino Rodrigues da Silva, e sustentado pela Associação Batista Estrangeira. Em 1903, o missionário norte-americano Arthur Beriah Deter assumiu o trabalho e liderou a organização no dia 18 de dezembro do mesmo ano, com 15 membros, todos da igreja fundadora.

Dezessete anos depois, em 1920, a igreja transferiu-se para o bairro de Campo Grande. Os poucos registros da época dizem que a transferência seria provisória, porém Deus tinha um plano diferente e ali está até hoje. Em 1922, foi comprada a propriedade da Rua Ferreira Borges, que, naquela época, numa visão futurista, era considerada de localização estratégica, por estar no centro do bairro". (Wikimapia\PIBCG\RJ) (2)

Para existir como igreja local, toda Igreja Batista filiada à Convenção Batista Brasileira deve passar por um concílio. Após progredir como ponto de pregação, geralmente é realizado um encontro com os pastores e diáconos da região. O líder da congregação, assim como os membros, é submetido a uma série de perguntas referentes às doutrinas batistas. Caso sejam aprovados, a nova igreja deve se comprometer em ser fiel na cooperação com as outras igrejas batistas do Brasil, porém não submissa. (ESTATUTOS DA PIBRJ, 1914. p. 5)". (3)

Foram pastores no período em que passei na Primeira Igreja Batista de Campo Grande: Antônio Dutra Júnior, Israel José Pinheiro, José Nice Pinheiro e Belardin de Amorim Pimentel. Quando minha mãe fez minha inscrição, era um dos primeiros acampamentos, quiçá o terceiro, em meados de 1953.

I. 2 Os Embaixadores do Rei

"Os Embaixadores do Rei" é um agrupamento missionário de jovens da Convenção Batista do Brasil, CBB, filiada ao Departamento nacional dos Embaixadores do Rei e União Masculina de Homens Batista do Brasil, participam jovens da idade de nove aos dezessete anos. Esse agrupamento foi criado pelo Missionário americano no Brasil, William Alvin Hatton, em 1948, na Primeira Igreja Batista da Tijuca, atualmente, Andaraí." (CBB\SHBB\DNAER) (4)

Modéstia à parte, acredito que a viagem para participar do acampamento foi um prêmio à minha dedicação ao evangelho e obediência a tudo que o Senhor Deus determinava. Eu auxiliava minha mãe nos afazeres domésticos, comecei a trabalhar aos 10 anos numa farmácia em Bento Ribeiro, cujo salário era pago por ela — só mais tarde soube desse fato. Naquele ano ganhei minha primeira medalha num concurso de matemática no Colégio Municipal Nossa Senhora da Paz em Rocha Miranda. Quando soube da inscrição, fiquei muito feliz, em êxtase.

Meus irmãos eram pequenos e não foram inscritos, então fui o pioneiro da família. Não conhecia ninguém, nem mesmo os responsáveis pelos embaixadores do Rei no âmbito nacional.

Próximo ao dia da viagem, preparei, com o devido cuidado, minha mala, não era muita coisa, apenas o necessário para vestir.

Recebi vários conselhos para prestar atenção às recomendações dos responsáveis para que nada de mal ocorresse durante a viagem e na estadia, principalmente para não esquecer nada. Foi infrutífero o conselho, pois esqueci uma calça.

Um dia antes da viagem, fui para casa de minha avó paterna, Marieta, na Tijuca, pois morava em Campo Grande, longe da Estação Leopoldina, que ficava na Av. Francisco Bicalho, no Centro do Rio de Janeiro, de onde sairia o trem muito cedo. Meu meio-irmão, o Tito, me levaria até a estação, ele tinha um táxi, carro da marca Packard. Tito era filho do meu pai com outra mulher, Maria, filha adotiva de minha avó. Seu nome de batismo era João Batista da Conceição Santana, ele faleceu num acidente de carro em São Paulo.

A casa da minha avó ficava na rua Maria Amália 838, na Tijuca; a penúltima casa do lado direito, um sobrado. De lá se tinha uma visão deslumbrante: as matas da serra do mar, as matas do morro da Tijuca, o Pão de Açúcar, o Corcovado, a torre da Central do Brasil, o cinema Olinda na Praça Saens Peña. No fim da rua Maria Amália com a rua José Higino, havia a fábrica da Brahma, hoje um hipermercado. Na época em que fui diretor administrativo do Clube dos Subtenentes e sargento do Exército, visitei essa fábrica.

Gostava muito de ir à casa da minha vó. Pela manhã havia revoada de maritacas, periquitos, uma algazarra frenética. À tarde, voltavam no mesmo feitio.

Quando avisei meu irmão que ele me levaria à estação e que eu iria para o acampamento de jovens da Igreja Batista, ele teve um chilique. Disse que não me levaria e que o acampamento não era para homens, que era um convento. Ele ligou para os responsáveis e os xingou; minha mãe não gostou dessa atitude; deu-lhe uma compostura, e ele se acalmou.

I. 3 Ida para a Estação da Leopoldina: construção e história da Estação

No dia seguinte, Tito me levou à Estação Barão de Mauá, Leopoldina.

"A Estação Central da Leopoldina é uma construção de grande porte, inaugurada em 6 de novembro de 1926. O edifício é um projeto do arquiteto inglês Robert Prentice, atuante no Rio de Janeiro nas primeiras décadas do século XX. A leitura da fachada principal é um tanto prejudicada pela falta da ala esquerda que lhe devia conferir simetria e completude. O aspecto externo é inspirado na arquitetura palladiana inglesa. O espaço interior do grande salão é dominado por uma abóbada de fina estrutura metálica. Em 15 de novembro de 1924, tiveram início as obras do edifício. A estação da Leopoldina Railway foi inaugurada sob o nome Estação Barão de Mauá, com muita propriedade, numa justa homenagem a Irineu Evangelista de Souza, Barão de Mauá, quem foi o pioneiro do transporte ferroviário nacional e patrono das ferrovias brasileiras, em 6 de dezembro de 1926, sendo o Presidente da República Arthur da Silva Bernardes e o Ministro da Viação e Obras Públicas Francisco Sá. A estação possui 130m de fachada principal e quatro pavimentos." (IPHAN\INEPAC) (5)

Atualmente, o governo federal passou para a iniciativa de sua reforma a Prefeitura do Rio de Janeiro.

I. 4 História da locomotiva a vapor

A viagem até o acampamento foi em Maria Fumaça, locomotiva a vapor.

"A Locomotiva a vapor é uma locomotiva propulsionada por um motor a vapor que se compõe de três partes principais: a caldeira, produzindo o vapor usando a energia do combustível, a máquina térmica, transformando a energia do vapor em trabalho mecânico e a carroçaria, carregando a construção".

O vagão-reboque (também chamado "tender") de uma locomotiva a vapor transporta o combustível e a água necessários para a alimentação da máquina.

As primeiras locomotivas apareceram no século XIX sendo o mais popular tipo de locomotiva até o fim da Segunda Guerra Mundial.

No Brasil as locomotivas a vapor receberam o apelido de "Maria Fumaça" em virtude da densa nuvem de vapor e fuligem expelida por sua chaminé, sendo que no final do século XIX e início do século XX, os matutos e caipiras, davam-lhe o nome de

'Balduína', uma corruptela de Baldwin, a marca das locomotivas de origem norte-americana, usadas à altura.

    A primeira locomotiva a rodar no Brasil foi a "Baronesa", que em 30 de abril de 1854 percorreu em pouco mais de 23 minutos o trecho de 14,5 Km entre o porto de Mauá, no fim da Baía da Guanabara e a localidade de Fragoso, inaugurando a Estrada de Ferro Mauá, a primeira do país e que adotava a bitola indiana (trilhos com 1676 mm de largura).

    A viagem inaugural contou com a presença ilustre do imperador do Brasil, Dom Pedro II" (Locomotiva..., [2024]) (6).

Capítulo II

A viagem – a partida

Chegamos a Gare, estação ferroviária Barão de Mauá, e fiquei extasiado com sua arquitetura. Havia um amplo corredor, por onde passavam apressados os passageiros que seguiram para seus destinos.

Nosso embarque foi no fim do corredor, junto à parede do lado direito. Iríamos para Rio Dourado, depois para Casimiro de Abreu, de onde outra condução nos levaria até o sítio.

No horário marcado, a locomotiva chegou, imponente, com seu ruído característico, estrepitoso, soltando fumaças brancas e espessas, com um silvo agudo. Era linda. Parou com grande barulho, sublime encanto para um garoto em sua primeira viagem sozinho.

Os responsáveis colocaram-nos a postos para o embarque no vagão que nos era destinado. Eu estava em ar de graças, era a primeira vez que iria sozinho para tão longe, provavelmente cinco horas de viagem.

Os fiscais da estação começaram a apitar, dando ordens para o trem partir. A locomotiva, por ação do maquinista, deu um apito alto, forte e rouco, informando sua partida. Ela expeliu uma densa fumaça negra e, impulsionada pela força motriz oriunda do vapor de suas caldeiras, deu condições para suas rodas de tração se movimentarem. Com um forte solavanco para frente, rompeu a inércia; apitou novamente, outro solavanco. Partiu! Correu pelo meu corpo um frenesi de pura alegria, encantamento e fascinação.

Quando estava no ensino fundamental, o professor ensinou sobre movimento e mostrou-nos o que era inércia: um corpo que resiste ao movimento, aceleração, por meio de uma força contrária ao seu estado inicial. Falou também sobre velocidade e deu um exemplo: se uma pessoa estiver parada num ponto de ônibus, sua velocidade será nula; porém, se estiver sentado num ônibus em movimento, estará em movimento, na mesma velocidade do ônibus, em relação a uma pessoa parada na rua. Se, num momento qualquer, o ônibus parar bruscamente, a pessoa continuará na velocidade em que vinha e será projetada para frente.

Lembrei-me dessa aula, quando o trem, ao partir, deu os solavancos.

O trem seguiu por um embaralhado de trilhos. Ao passar sobre eles no desvio, fazia um barulho, um grito fino e estridente do aço das rodas raspando o trilho.

Seguia bem à direita, próximo à estrada rodoviária, a Visconde de Niterói, com intrepidez, no lenga-lenga e na bela onomatopeia, "chega mais, chega mais, chega mais, chega mais". No livro de memórias de um amigo e companheiro, Beto Gonçalves, *Pedaços de Mim*, ele apresenta a onomatopeia: "pouca terra, pouca terra, pouca terra", vamos ficar com as duas vozes. (7)

"A Estrada de Ferro Leopoldina (EFL) foi uma das maiores ferrovias em extensão, alcance e longevidade, características que contrastam com a sua mais completa desorganização interna e subsequente colapso, já que pouco resta de sua malha original nos dias de hoje" (8)

Capítulo III

História da Quinta da Boa Vista

Passamos pela estação de São Cristóvão, do lado esquerdo, pela via ferroviária Supervia, do lado direito, junto ao muro de separação da via ferroviária com a rua Visconde de Niterói, está a exuberante Quinta da Boa Vista, antiga morada dos Imperadores D. Pedro I e II, um vistoso local onde grande parte dos moradores do Rio de Janeiro passam horas de lazer. Há ali belos e encantadores jardins e, ao fundo da morada, o BioParque, com inúmeros animais da fauna brasileira e estrangeira. Na parte da frente, na antiga morada dos monarcas, o Museu, com variadas peças antigas nacionais e estrangeiras e de enorme valor cultural.

Em 1803, o traficante de escravos Elias Antônio Lopes ergueu um casarão sobre uma colina, localização que tinha uma boa vista da Baía de Guanabara. É daí que vem o nome Quinta da Boa Vista.

Próximo ao caminho de São Cristóvão, o negociante Elias Antônio Lopes possuía uma casa e uma chácara. Em 1º de janeiro de 1809, com a vinda da Família Real Portuguesa, a propriedade foi doada ao Príncipe Regente. Acrescida por aquisições de propriedades vizinhas, a casa passou a denominar-se Quinta Real da Boa Vista, servindo de residência da Família Real Imperial até a Proclamação da República.

A partir de 1869, a Quinta foi ajardinada e urbanizada, segundo o projeto de Auguste François Marie Glaziou, diretor dos

Parques e Jardins da Casa Imperial. A parte central do jardim ficou pronta em 1878, concebido ao gosto romântico, onde prevalecem as curvas, com lagos, pontes, elevações e depressões, cascatas artificiais e quiosques. Um dos quiosques foi construído à feição de templo greco-romano e o outro ao gosto oriental, o atual portão, no final da Av. Pedro II, data dos últimos anos do Império, o primitivo, todo de terracota, serve de entrada para o Jardim Zoológico. Este foi presente do Duque Northumberland a D. João VI e é uma cópia do de Sion House, de Londres. MUSEU NACIONAL: O museu se encontra instalado em área tombada pelo IPHAN, ou seja, no Parque da Quinta da Boa Vista. Esta área, que foi utilizada como residência pela Família Real no Brasil, recebeu tratamento paisagístico de autoria de Auguste François Marie Glaziou, em 1869, nomeado à época diretor dos Parques e Jardins da Casa Imperial, e do Major Gomes Archer. O tratamento da vegetação e dos acessórios para ambientação local, seguiu o gosto romântico, e para concretizá-lo foram utilizados lagos, fontes, cascatas, grutas, quiosques, a obra de paisagismo foi concluída em 1875, mas o parque conserva até hoje a marca deste período. (9)

Meu pai, enquanto vivo, com minha mãe, levava-nos à Quinta da Boa Vista. Na minha adolescência e juventude, eu gostava de frequentar o local, brincava no parque de diversões, tinha preferência pela montanha russa, com suas estridentes e barulhentas passagens sobre os trilhos sustentados por armações de madeiras.

Levei minha primogênita lá, com menos de um 1 de idade. Ela ia, com sua mãe, passeando pelos belos jardins. Ao longo dos anos, fui com meus filhos, sobrinhos e cunhados.

No ano de 1972, houve um concerto da Orquestra Sinfônica Brasileira, pelo Projeto Aquário da TV Globo. A Orquestra apresentou a abertura da sinfonia 1812 de Tchaikovsky, a qual eu amo. O maestro era Isaac Karabtchevsky. Acompanharam os músicos na apresentação, os canhões do Exército, fogos de artifícios e sinos.

Fui assistir com minha esposa, Nerias, minha mãe, Débora, minha filha, Denise, minha cunhada, Sandra, esposa de meu irmão Itamar, e minha sobrinha, Solimar.

Em 2018, levei minha filha, Denise, e meu neto, Theo, para visitarem o Museu Nacional; eles ficaram deslumbrados com o que viram.

Ainda em 2018, em comemoração ao meu aniversário de 57 anos em que saí do Colégio Batista, o visitei, o deixei no fim do ano de 1961, quando fui servir o Exército Brasileiro. Visitei também o Seminário Batista do Sul do Brasil. Estava com minha filha Nadejda, Naná, e minhas netas Mylena e Naomy. Após as visitas, fomos à Quinta da Boa Vista e ao Museu Nacional, mas chegamos tarde, após a hora de funcionamento, por isso não conseguimos entrar. Então, aproveitamos e tiramos fotos das alamedas, dos jardins, do lago e da ilha.

Pouco dias depois, tivemos uma grande decepção, quando o Museu Nacional pegou fogo e com ele uma perda inominável da cultura nacional brasileira, quiçá, internacional. Essa fatalidade frustrou muitos estudiosos que ali encontravam objetos para suas pesquisas.

Capítulo IV

Centro Federal de Educação Tecnológica Suckow da Fonseca

O trem continuava seu trajeto — "chega mais, chega mais, chega mais, pouca terra, pouca terra, pouca terra".

"Do lado esquerdo, ladeando a via férrea, está o Centro Federal de Educação Tecnológica Celso Suckow da Fonseca (Cefet), local de alto aprimoramento em tecnologia. Nessa instituição, são oferecidos cursos técnicos, graduações nas áreas de Engenharia, Administração e Informática, além de programas de pós-graduação (especialização, mestrado e doutorado). Em uma área construída de quase 65 mil metros quadrados, a unidade conta com 72 salas de aula, biblioteca, nove auditórios, mais de 160 laboratórios específicos, complexo esportivo com ginásio, quadras, piscina e pista de atletismo, restaurante e cantina." (Cefet) (10)

Capítulo V

Primeiro grupo de canhões 40 automático antiaéreo

Do lado direito, um belo estádio de futebol, pista de atletismo, pista de obstáculos militar e um charmoso prédio do quartel do Primeiro Grupo de Canhões Quarenta Automático Antiaéreo (1GCan40AAe), unidade de Elite. Fazia, junto às unidades militares, Companhia de Guarda Presidencial, Batalhão de Polícia (BPE) e a Quinta Brigada de Cavalaria, a segurança presidencial. Era composto pelos canhões antiaéreos Bolfor, com três baterias, BCSv, Bateria de Comando e Serviço; 1*Bia e 2*Bia, Primeira e Segunda Bateria de Canhões Anti Aéreo. Esses canhões eram servidos por projéteis de 40mm, sendo sua composição bélica por projétil perfurante, explosivo, traçante (permite determinar com precisão a direção correta do tiro) de festim (como seu nome diz, era inofensivo e usado em solenidades).

 Seu aparelho preditor determinava a direção do tiro e era totalmente manual. Os dados eram obtidos a olho nu e inseridos por manivela. Colhia-se, por observação, a altura do avião e sua velocidade; colocava-se no preditor, que direcionava para a alça de mira. O aparelho de visão dava ao artilheiro a verdadeira direção do tiro; ao ser acionado o gatilho, o projétil era lançado para uma posição imaginária à frente do alvo, o avião inimigo, que, ao chegar ao ponto imaginário, encontraria o projétil. Era feito por observação a olho nu se o avião era amigo ou inimigo.

Mais tarde o Exército adquiriu o canhão Oerlikon/35 mm, computadorizado, e os canhões 40 mm foram desativados juntamente com o 1º GCan40AAe, de acordo com a Portaria n.º 1.885, de 5 de dezembro de 2022. (EB10IG-01.018).

V. 1 Breve história do canhão Bolfor 40mm

Os canhões antiaéreos automáticos Bolfors 40mm foram denominados pela empresa Bolfor como devastadores.

A empresa sueca Bofors desenvolveu sua arma antiaérea de 40 mm na década de 1930, e seria um dos projetos de armas mais bem-sucedidos da história moderna. Usado por ambos os lados na Segunda Guerra Mundial e em todos os teatros, versões aprimoradas da arma Bofors de 40 mm continuam a servir nas linhas de frente militares até hoje. Nos EUA, eles fazem parte do armamento dos aviões AC-130 Spectre, por exemplo. A maioria dos exemplos usados pelos Estados Unidos foram feitos sob licença pela Chrysler, a montadora de automóveis. Algo como 60.000 foram produzidos durante a guerra, principalmente para uso naval. (Bolfor..., [2024]) (11)

Capítulo VI

Início de minha vida militar no Primeiro Grupo de Canhões 40 Automático Antiaéreo

Foi nesse quartel, o 1º GCan40AA (1º Grupo de Canhões 40 Automático Antiaéreo), em que dei a partida para meu futuro profissional. Foi ali onde aprendi amar a Pátria, a família, os amigos, a ser obediente e a tratar todos com real afeição e camaradagem. Isso foi nos idos de 1962, quando me incorporei ao serviço militar como soldado do Exército Brasileiro.

Breve comentário de minha estada de 11 meses no 1º GCan40AA.

Tenho gratas lembranças desse quartel e de minha incorporação.

Antes de chegar ao quartel, fui apresentar-me, em 1961, na Escola de Artilharia de Costa (EsACos), em Deodoro. Fui reprovado no exame médico, pois meu peso era incompatível com minha altura, estava muito magro. O médico determinou que eu engordasse e me apresentasse no ano seguinte. Eu disse a ele que, se até aquele instante não engordei, não seria mais um ano que faria diferença. Porém, os pensamentos e desejos de Deus não são iguais aos nossos.

Passei nesse período por maus bocados. Minha mãe, orientada pelo pastor Antônio Dutra Jr, da Primeira Igreja Batista de

Campo Grande, matriculou-me no Colégio Batista Shepard, na Tijuca, onde fiz amizade com dois rapazes, também evangélicos, Queiroz e Guimarães. Eles me convidaram para servir no 1º GCan40AA, mas eu falei que seria difícil; então me disseram para procurar um tenente amigo.

O tenente responsável pela triagem não quis me atender. Entrei no quartel e, quando comecei a subir a escada que dava acesso à varanda onde estava o tenente que eu procurava, um capitão descia a escada e perguntou-me onde eu ia; respondi que falaria com o tenente responsável, que estava na varanda próxima de nós. Ele perguntou o que eu desejava, e, outra vez, falei que era um assunto com o tenente, então me falou que era superior ao tenente e chefe da incorporação. Contei minha história para ele, que perguntou como eu havia chegado ali. Eu disse que o portão estava aberto. Ele mandou que eu me apresentasse ao tenente da triagem para servir no quartel, achou-me safo.

Uma semana antes da incorporação, fizemos uma prova de conhecimentos gerais, fui bem colocado, e isso me fez servir como cabo ainda recruta, só não podia tirar cabo da guarda, somente após o curso de cabo.

No dia da incorporação, perfilados em frente à bateria, ouvíamos o sargento dar as boas-vidas e as instruções iniciais. Um companheiro na primeira fila caiu ao chão inconsciente, outro companheiro saiu de forma e foi atendê-lo, dizendo ser filho de enfermeira e ter condições de recuperá-lo. O camaradinha aqui, euzinho, estrelinha, como soe acontecer, também saí de forma para ajudá-lo. Um soldado antigo, que estava encostado na parte superior da escada, viu-nos e perguntou com ordem de quem saímos de forma. Como não tínhamos ordem, mandou-nos pagar dez flexões de braços, o companheiro teve crise, não gostou. Passava um capitão pela varanda, o companheiro foi falar com ele, que perguntou se tínhamos ordens para sair de forma e quem tinha nos mandado fazer as flexões. Mostramos o soldado, e o capitão nos deu ordem para pagarmos as dez flexões de braço, foi a glória marcou-me profundamente como boas-vindas.

Uma vez fizemos uma manobra militar na Quinta da Boa Vista. Um cabo de uma patrulha da 1ª Bia deu ordens para segui-lo, deu um passo para frente e sumiu, caiu num dos valões da Quinta da Boa Vista. Ao emergir, estava com lama e mato em todo o corpo. O mosquetão que levava pendurado no ombro ficou irreconhecível, uma cena hilariante. Nesse mesmo dia, dois cabos entraram na reserva de armas da Bia, BCSv, escolheram uma metralhadora INA, não verificaram se estavam carregadas, manejaram o ferrolho municiando a arma e apertaram o gatilho. Foi um deus nos acuda, tiro para todos os lados. O cabo responsável ficou branco como papel.

No primeiro acampamento na Barra da Tijuca, ficamos próximo à ponte da Via Onze; era uma ponte de madeira, pinguela, mata-burro. A visão dali para o Recreio e o Morro da Barra Funda era só areal, um imenso deserto. Ao chegarmos, vimos, do outro lado do canal, uma goiabeira tomada de goiabas maduras, mas, para ir até lá, era preciso passar sobre a ponte feita de tábuas. Fui pegar goiabas, o sargento corneteiro me viu, com os outros companheiros, chamou-nos e colocou-nos de castigo, de serviço ao acampamento, eu, cabo, de dia e os soldados de plantão.

O ano de 1962 foi conturbado. Faltou arroz e feijão, havia tumulto por todos os lugares do Rio de Janeiro, tivemos de tirar serviço de guarda em vários locais. Um deles foi o Edifício A Noite, na Praça Mauá, atualmente desativado à espera de reconstrução.

"Construído na década de 1920, entre 1927 e 1929, foi durante algum tempo o prédio mais alto da América Latina, inaugurando o que na época se chamou de 'arranha-céu'. São 24 andares em estilo art déco, com forte presença dos princípios construtivos da Escola de Chicago e com um terraço que apresenta um cenário especial da baía da Guanabara.

O edifício 'A Noite' adquiriu seu nome popular, justamente, porque quando foi inaugurado, em 1929, abrigava a sede do Jornal A Noite – periódico fundado em 1911, por Irineu Marinho. O letreiro do jornal, fixado nos andares mais altos do prédio de 22 andares, acabou caracterizando a construção, que foi projetada pelos arquitetos Joseph Gire — que também projetou o Copacabana Palace e o Hotel Gloria — e Elisiário Bahiana, em estilo art déco e erguida em concreto armado.

Era do mirante, no terraço do edifício com mais de 100 metros de altura, que se conseguia uma vista privilegiada da cidade e da baía de Guanabara.

A Noite foi um dos focos da boemia nos anos iniciais do século XX. A partir de 1936, a então recém-inaugurada Rádio Nacional ocupou o edifício. Nomes como Emilinha Borba, Dalva de Oliveira e Cauby Peixoto brilharam nos corredores da Rádio." (Rio Memórias) (12)

Quando jovem, antes de servir o Exército, trabalhava na Imprensa Naval na Marinha, junto ao Primeiro Distrito Naval, e, certo dia, fui, com um amigo, almoçar no restaurante que havia no terraço deste edifício.

No tempo que servi no 1º GCan, durante a crise de falta de alimentos no Rio, fiquei de guarda no edifício A Noite e deslumbrei-me com as máquinas de teletipo. Eram muitas e ocupavam uma sala inteira; trabalhavam sozinhas, e seu barulho era característico de uma máquina de escrever. Durante a noite, com o frenesi constante das máquinas, era fantasmagórico.

Fizemos, nesse mesmo ano, guarda na Exposição Russa em São Cristóvão, para evitar qualquer ato de vandalismo, pois havia denúncia de atentado a bomba.

O quartel não existe mais. Ao destruírem, para construírem algo para as Olimpíadas, deixaram o portão e a casa da guarda, que foram tomados por famílias de sem-teto. Quis tirar fotos, mas não me senti seguro.

Houve, no tempo que ali servi, maravilhosos acontecimentos. Ao término do curso de cabo, estávamos fazendo limpeza no pátio, aguardando nossa promoção. Por volta das três horas, o soldado responsável pela edição e publicação do boletim deu-nos a notícia que nossa promoção a cabo tinha sido publicada e que seria lida na formatura do final do expediente. Foi aquela alegria! Apareceu uma máquina fotográfica, perfilamo-nos para a foto e colocamos a vassoura como um mosquetão em ombro armas. Enquanto aguardamos o fotógrafo, apareceu um companheiro, também promovido, que era sobrinho de um famoso jornalista do *Jornal do Brasil*. Ele disse que não estragaria nossa festinha, mas que, se um de nós nos candidatarmos à Presidência da República, essa fotografia apareceria, então ninguém tirou a foto.

Em agosto de 1962, inscrevi-me no concurso para sargento do Exército, com vários companheiros do quartel. Geeenteee, modéstia à parte, somente euzinho fui aprovado entre os companheiros do 1º GCan, mas as coisas boas sempre vêm com uma pitada de sal. Não fui matriculado, porque não foi providenciado curso para minha qualificação militar, 06/006 – Central de Tiro Antiaéreo. Fiquei bastante frustrado, mas não derrotado. Quem espera em Deus sempre será vencedor! O capitão comandante da Bia, da qual eu era lotado, me chamou para comunicar o fato de eu não ter sido matriculado no curso, porém disse que faria de tudo para conseguir me colocar em outra qualificação militar. Ao nosso lado, estava o comandante da 1ª Bia, que me sugeriu procurar no Ministério do Exército o comandante-geral, que era uma pessoa de bom coração. Pedi autorização e fui incontinente ao Ministério. Ao chegar, me dirigi a um belo salão, no primeiro andar, onde um oficial, ajudante de ordens, perguntou o que eu desejava; contei minha história, e ele me levou a uma sala onde estavam alguns coronéis. Contou meu problema a eles, que disseram para eu pedir ao meu comandante enviasse um ofício ao departamento de ensino, dizendo que precisavam de mim como sargento. Falei com o capitão comandante, o ofício foi enviado, e logo depois fui matriculado no Curso de Sargentos, na Arma de Comunicações, no quadro de Suprimento de Comunicações e Eletrônica. O curso, por ser novo, foi ministrado no Parque Depósito e Manutenção de Material de Comunicações e Eletrônica, sediado em Triagem, na Rua Dr. Garnier.

Ainda no GCan, durante a semana das festividades da Independência do Brasil, o comandante de minha bateria, BCSv, chamou-me e incumbiu-me de representar a Bia no desfile sentado na cadeira do artilheiro no canhão, seria o do meio, o principal; ao todo éramos três. Acredito ter sido escolhido pelo meu desempenho no concurso de sargento.

No dia 7 de setembro de 1962, ficamos na Av. Rodrigues Alves esperando e, na hora certa, nos deslocamos para a Av. Presidente Vargas, em frente ao prédio do Comando Militar. Ao sair da Praça Mauá e entrar na Av. Rio Branco, o caminhão que me levava junto do canhão entrou forte na Av., o canhão balançou terrivelmente, parecendo que ia tombar, na direção da viatura estava o soldado Soneca.

Entramos na Av. Presidente Vargas, próximo ao Panteão do Duque Caxias, patrono do Exército, onde estavam as autoridades e o presidente da República do Brasil, na época, o Excelentíssimo Senhor Presidente João Goulart. Houve a ordem de apresentar armas, e nós apressamos a levantar o tubo do canhão a 90 graus, passamos com garbo.

Em novembro desse mesmo ano, apresentei-me ao Parque Depósito e Manutenção de Material de Comunicações Eletrônica.

Capítulo VII

Uma pequena história do Museu do Índio

O trem seguia seu curso, admirava tudo que via em seu trajeto, como o Museu do Índio.

"O Museu do Índio foi construído pelo Duque de Saxe, Luís Augusto Maria Eudes de Saxe-Coburgo-Gota foi um príncipe alemão da Casa de Saxe-Coburgo-Gota, oficial da Marinha austro-húngara e almirante da Armada Imperial Brasileira, em 1862 e doado em 1910 ao Serviço de Proteção aos Índios, órgão estatal comandado pelo Marechal Rondon, quando de sua criação, em 1910. O objetivo era que o espaço fosse uma área de preservação da cultura indígena brasileira. Inicialmente, o prédio abrigou a sede do órgão federal, e posteriormente, entre 1953 e 1977, abrigou o Museu do Índio, criado por Darcy Ribeiro. Após essa data, o museu foi transferido para Botafogo, Rua das Palmeiras." (13)

Atualmente, após a transferência para a rua das Palmeiras, o antigo prédio está desativado e em ruínas.

Ao lado do Museu, encontra-se a Escola Municipal Friedenreich.

"Arthur Friedenreich foi o primeiro craque futebolista do Brasil, "El Tigre", isto na época amadora que durou até 1933, numa excursão à Europa com o time Paulistano em 1925, disputou dez jogos e voltou invicto." (14)

Levei minha filha Denise a essa escola para assistir a um campeonato de basquete para pessoas em cadeira de rodas.

Havia um clube de pessoas com deficiência, muitos em cadeira de rodas. O clube era ligado ao jogador Zico, ídolo do Flamengo, e ficava na rua Ana Néri, em São Francisco Xavier. Treinavam basquete, na quadra de futebol de salão no Quartel do PqDepMatComElt, tinham autorização do comando. Eu ficava responsável pela quadra.

Capítulo VIII

Presídio Evaristo de Moraes – Centro Municipal de Zoonose – drama/resgate do cachorro condenado à morte

O trem continuava em seu mantra, "chega mais, chega mais, chega mais, pouca terra, pouca terra, pouca terra"; ia em boa velocidade.

Agora do lado direito, junto à rua Visconde de Niterói, estava o Presídio Evaristo de Moraes (Galpão da Quinta) e, ao seu lado, o Centro Municipal de Zoonose, hoje uma clínica veterinária. Ao fundo, o cemitério dos cachorros e gatos, com o estande de tiro do Exército, ao lado, onde atirei várias vezes. No Centro, sacrificavam cachorros vadios e de rua recolhidos pela carrocinha.

Meus sobrinhos ganharam um poodle americano de um tio casado com uma americana e radicado nos Estados Unidos. O animal foi passear na rua no exato momento em que a carrocinha passava; não deu outra, foi pego e levado para esse galpão, foi aquele drama.

Passada uma semana do ocorrido, ao voltar do trabalho, minha família me contou o fato e pediu para eu fazer alguma coisa. Eu não tinha a menor ideia para onde tinha sido levado, nem como tirá-lo de lá.

No dia seguinte, contei aos companheiros o acontecido, e eles me disseram onde o cãozinho poderia estar e que, se ainda estivesse vivo, eu conseguiria pegá-lo. Meu quartel ficava na rua Dr. Garnier em Triagem, próximo ao local onde o cachorro poderia estar.

Lá fui eu! Contei a história, fiz um pequeno drama, e me disseram que naquele dia houve um sacrifício. Acompanhei um agente até o galpão, e, ao passarmos por um local amplo, tive a impressão de ser o lugar onde eram mortos. Era horrendo, não vou descrevê-lo, havia cachorros mortos por toda sua extensão. Ficou gravada em minha memória a visão de um cachorro morto junto ao meio fio.

Chegamos ao galpão, e foi chocante. Havia muitos cachorros! Se Dante Alighieri precisasse de uma imagem do inferno para escrever a *Divina Comédia*, essa seria a melhor imagem.

Agora qual o cachorro dos meus sobrinhos? Não o conhecia direito, fiquei olhando e me lembrei de uma característica dele. Toda vez que eu visitava meus cunhados, na Pavuna, via-o empoleirado sobre o muro da casa. No galpão havia um parapeito de uns 20 cm, que separava a grade do público. Sobre o parapeito havia um cachorro com a aparência dele, pedi para levá-lo. Passei na enfermaria, e foram-lhe aplicadas as injeções.

E para carregá-lo para casa? Chamei um táxi, falei para o motorista as condições do cachorro, estava imundo, cheirava mal, os pelos grudados um nos outros. O motorista disse que levava consigo, consegui alguns jornais e papelão, forrei o banco de trás e fomos para casa.

O drama ainda não havia terminado, faltava descê-lo em casa, moro num condomínio, com muitos edifícios. Falei para o motorista parar junto à área de serviço, paguei a corrida, chamei o elevador, e, pela graça de Deus, ninguém à vista, nem o porteiro. O elevador chegou, peguei o cachorro e entrei rapidinho. O elevador subiu sem parar em nenhum andar, cheguei ao apartamento, e minha querida esposa se prontificou a limpá-lo. Coitadinha da minha querida! Ela cortou os pelos, deixou-o lindo e cheiroso, um outro cachorro.

Avisamos aos sobrinhos e cunhados. Ao chegarem, meu sobrinho mais velho, o Maurício, subiu para certificar se era o cachorro deles. Quando o cão ouviu sua voz, ficou alucinado. Maurício desceu para buscar os outros, mas deu doideira no cachorro e quis atacar a Nerias. Coitado, o que passou deve ter sido a pior coisa da vida.

Capítulo IX

Breve história do Maracanã

O trem seguia seu curso, "chega mais, chega mais, piuí, piuí", e, como uma cortina de teatro ao abrir, surgiu, do lado esquerdo, o magnífico, o deslumbrante, o maior do mundo, o maravilhoso Maracanã, emoldurado ao longe pelas montanhas da Serra do mar, as montanhas da Tijuca. À esquerda de quem olha, estavam o Pão de Açúcar e o Cristo do Corcovado. Bem ao centro, nas montanhas, as antenas de vários sistemas de comunicações.

"As construções do Maracanã iniciaram com efeito em 1948 para ser o estádio da Copa do Mundo em 1950.

O nome Maracanã foi retirado do pássaro Maracanã-Guaçu, espécie que habitava a região do estádio.

Em sua inauguração, faltava terminá-lo, o primeiro jogo foi entre as seleções do Rio de Janeiro e de São Paulo, com a vitória da seleção de São Paulo, o primeiro gol feito no estádio foi de Didi, chamado de folha seca, por dar efeito na bola ao chutar em gol após uma falta, ela fazia uma curva e caia dentro do gol.

Em 1950, no último jogo entre Brasil e Uruguai, decisão da Copa do Mundo, com o estádio literalmente tomado por duzentas mil pessoas, o Brasil perdeu, foi uma grande tristeza para todos os brasileiros." (Diário do Rio\Extrato mais relevante).

A primeira vez que fui ao Maracanã foi numa festa de comemoração do Natal, em que teve distribuição de presentes, muitos doces, apresentação de artistas e atividades circenses. Minha mãe me levou, com meus irmãos Itinha e Teófilo.

Fiquei tão deslumbrado com o que vi que perdi de minha mãe e meus irmãos. Uma assistente social me encaminhou para uma sala de espera, onde havia muitas crianças perdidas. Para nos distrair, deram-nos vários doces e alguns presentes.

Pouco tempo depois a porta da sala abriu e quem entrou? Meu irmão Itinha!

Estava aos prantos, perdidão da silva; briguei com ele, estava numa boa e ele foi juntar-se a mim.

Só no término da programação, minha mãe foi nos apanhar. Ela disse que sabia onde estávamos e que seria um castigo para o Teófilo, que ficou ao seu lado, perder a festa por nossa culpa.

A primeira vez que assisti a uma partida de futebol no Maracanã foi com meu tio Sebastião da Conceição Santana, o Tião, em 1953. O jogo entre Flamengo e Vasco, e o placar foi um empate em 3 a 3. Em 1953, 1954 e 1955, o Flamengo foi tricampeão carioca. Meu tio jogou no time amador do Flamengo, era também halterofilista.

Assisti a muitos jogos, dos mais impactantes aos menos importantes. No final de um Campeonato Carioca, não me lembro a data, entre Flamengo e Fluminense, fui com meu irmão Itinha, que torcia pelo Fluminense. Nós ficamos na divisão do campo, ele para o lado da torcida do Fluminense, eu para a torcida do Flamengo, cinco a dois para o Flamengo.

Outros dois jogos me marcaram. Um foi da seleção do Brasil contra a da Alemanha, que assisti com meu filho e meu cunhado Ró. Brasil um a zero, gol de Júnior. Outro foi a despedida de Pelé, Vasco contra o Santos. Fui com meu cunhado Vidson, e houve um fato interessante. Pelé cavou uma falta, o juiz da partida deu, e ele converteu em gol. O Maracanã, inteiramente tomado pela torcida do Vasco, ficou em silêncio. Eu, no meio da torcida vascaína, no gol do Pelé, fiquei em pé e levantei os braços saudando o gol. Logo depois, o Vidson me avisou que os torcedores do Vasco próximo a nós disseram que, se o Vasco perdesse, eu iria apanhar.

Assisti também a jogos de menor importância, como um entre Fluminense e Canto do Rio. Outro em que não havia nada para me tocar foi entre Vasco e Botafogo. Como sempre, fui de geral. Durante a partida, caiu um temporal de fazer gosto, e nós, da geral, corremos para nos abrigar da chuva. O melhor lugar eram as cadeiras cativas; fizemos cadeirinha com as mãos para alguém subir, e o que subia puxava os outros. Nesse jogo, Manga, goleiro do Botafogo, fechou o gol.

Certa vez fui, com meu cunhado Ebenézer, seus filhos, Maurício e Tato, o Marcelo e meu filho Edgard Júnior, assistir a Flamengo e Fortaleza. Flamengo sete a zero, foi uma festa. Nessa época um navio vinha da Austrália carregado com latas de maconha. A tripulação, ao sentir que seria interceptada pela Polícia Federal, lançou ao mar sua carga, inundando as praias do litoral do Rio de Janeiro e de São Paulo. Os adeptos da cannabis sativa fizeram a festa, e o estádio era um fumacê enorme. Esse episódio se deu em 25 de setembro de 1987". (15)

Assisti a todos os grandes jogadores brasileiros no Maracanã.

Aos domingos, visitava minha avó materna em Campo Grande. Eu morava próximo ao Maracanã, na rua Maxwell, e, sempre que ia à casa de minha avó, dava-me uns trocados para a passagem e o lanche. Eu tirava cinco cruzeiros para entrar no Maracanã.

Em 1960, houve o Congresso Mundial das Igrejas Batista, e minha mãe participou do coral de mil vozes, sua voz no coral era contralto. Eu a levava aos ensaios preparatórios na Igreja Batista de Padre Miguel.

Durante o congresso, fui cicerone de um casal canadense e assisti à pregação do pastor Billy Graham, que foi traduzida para o português pelo pastor Nilson do Amaral Fanini.

Houve outros grandes eventos, mas infelizmente não os assisti:

"Tina Turner, Frank Sinatra, esse assisti pela Televisão, Madonna, Backstreet Boys, The Police, Rolling Stones, Kiss, entre outros artistas, fizeram história no Maracanã com públicos de mais de 100 mil pessoas. Entre as grandes apresentações internacionais, em 1990, Paul McCartney entrou para o Guinness Book (livro dos recordes) pela maior plateia em apresentação solo, reunindo mais de 180 mil pessoas no estádio." (Uol) (16)

O Maracanã é um complexo esportivo onde se encontra a pista de atletismo Célio de Barros, atualmente em processo de reconstrução, a piscina olímpica, Júlio Delamare e o Maracanãzinho.

Quando servia no GCan40, fui várias vezes ao Maracanãzinho assistir a jogos de basquete, principalmente do Flamengo. O jogador Algodão era um dos astros. Um companheiro de quartel conseguiu camarotes para nós, e certa vez sentou-se junto de nós a jogadora da seleção brasileira Norminha. Quando contei ao meu tio, na casa da minha avó Marieta, ele ficou empolgado, pensou que era a Norma Bengel.

Também assisti a vários eventos musicais evangélicos, palestras e outros mais.

Capítulo X

Favela do Esqueleto

Depois do Maracanã, margeando o rio Joana, encontrava-se a antiga favela do esqueleto. O esqueleto era de um hospital abandonado do Instituto Nacional de Previdência Social.

"Na década de 1930, começou a ser construído no local um hospital do Instituto Nacional de Previdência Social (INPS), porém as obras foram logo abandonadas, restando, inacabado, ficando o seu esqueleto, o qual deu nome à favela.

A favela surgiu logo após a construção do Estádio do Maracanã (1950) bem ao lado, quando o terreno foi invadido.

Inicialmente, os barracos foram sendo construídos em torno do prédio inacabado do hospital do INPS, chamado de "Esqueleto", que era a parte de melhor terreno, mas, em poucos anos, a favela já era uma das maiores da cidade e possuía uma enorme quantidade de tipos de barracos.

Dos mais elaborados, quase casas populares, passando por barracões de madeira bem estruturados, até precárias palafitas em uma área pantanosa num dos braços do Rio Joana. Também havia barracos do tipo apartamento dentro da estrutura abalada do Esqueleto, que havia sofrido seguidos incêndios

Por ação do então governador da Guanabara, Carlos Lacerda, a favela foi removida no início da década de 1960 e seus moradores foram assentados, em sua maioria, em um conjunto habitacional recém-construído na Vila Kennedy, na época bairro de Bangu, na Zona Oeste da Cidade.

Em 1969, começou a ser construído, no local, o campus da Universidade do Estado da Guanabara, aproveitando a estrutura inacabada do hospital do INPS.

O campus foi inaugurado em 1976, já com o novo nome da universidade: Universidade do Estado do Rio de Janeiro, UERJ." (Uol; Brasil Escola; Diário do Rio) (17)

Capítulo XI

Breve história do Seminário Teológico Batista Betel do Rio de Janeiro

Nosso trem continua sua sina, "chega mais, chega mais, chega mais, pouca terra, pouca terra, pouca terra".

Morei próximo à favela do esqueleto, quando criança, na rua Vinte Quatro de Maio, entre as estações de trem Mangueira e São Francisco Xavier.

Quando estudei no Seminário Teológico Batista Betel no Rocha, um professor americano alugou uma casa e fez dela um local para os estudantes que moravam longe se abrigarem. Pagamos por uma cama e um armário. A casa ficava na Vinte Quatro de Maio próximo à favela do esqueleto. Ela foi demolida mais tarde para dar lugar ao viaduto da Mangueira.

"O Seminário Teológico Betel foi fundado em 1939 pelo Pastor José de Miranda Pinto, situado à Av. Mal. Rondon 1020/Rocha/RJ".

Esse Seminário me proporcionou um profundo conhecimento teológico em relação às verdades bíblicas, à vida cristã, à obediência aos ensinamentos de Jesus Cristo, seus mandamentos e a um relacionamento espiritual mais aprimorado com o Espírito Santo.

O diploma de conclusão do curso teológico foi assinado pelos insignes pastores: José de Miranda Pinto, diretor e fundador do Seminário, Irland Pereira de Azevedo e Waldomiro Mota, professor de História Eclesiástica e o primeiro missionário Batista na Bolívia. Havia outros professores de alto gabarito, como o pastor David Gomes. A formatura foi realizada em 1963.

A convite da esposa do pastor Miranda Pinto, Tabita Kraul de Miranda Pinto, já falecido, tive o privilégio de atualizar a antiga ortografia do diário do pastor para posterior publicação em livro, porém, com minha transferência para Academia Militar das Agulhas Negras, não pude continuar na tarefa.

Certa vez, um amigo que conheci quando estudávamos no Colégio Batista Shepard convidou-me para evangelizarmos na Mangueira. Ele, na ocasião, estudava no Seminário Teológico Batista do Sul, e seu irmão morava na mesma casa que eu. Fomos, nós dois, em direção à Mangueira, atravessamos a passarela que dá acesso à estação de trem e liga a rua Vinte Quatro de Maio à rua São Francisco Xavier, também a Favela do Esqueleto à rua Visconde de Niterói. Passamos sobre a linha férrea, ainda existe essa passarela, mas há muito tempo não passo por ela. Ao passarmos em frente à casa de dona Neuma, ela estava na varanda com dona Zica, duas importantes figuras da Mangueira, fundadoras da Escola de Samba Primeira de Mangueira. Cumprimentamos as duas, falamos de Jesus e entregamos um folheto evangélico a cada uma.

Esse meu amigo namorava uma jovem da Igreja Batista Nova Esperança, na Barreira do Vasco, e aos domingos me convidava para visitar a igreja e almoçar na casa dessa jovem. Mais tarde tornou-se Bispo da Igreja Episcopal e foi morar na Inglaterra, não tive mais notícia dele.

Capítulo XII

Uma breve história da Igreja Batista em São Francisco Xavier

Quando morei na rua Vinte e Quatro de Maio, quando criança, frequentamos a Igreja de São Francisco Xavier, que fora fundada pelo pastor e missionário Salomão Ginsburg, seu primeiro pastor.

"Em 13 de maio de 1920 H. Penn, Salomão L. Ginsburg e um grupo de irmãos se reuniram para organizar a Igreja Batista em Jockey Club, na Rua Ana Neri, número 219.

Com o crescimento da igreja, foi comprada uma propriedade localizada na Rua Licínio Cardoso, número 331, atual 487. A igreja passou a se chamar IGREJA BATISTA EM SÃO FRANCISCO XAVIER, O segundo pastor foi o Pr. Francisco Nascimento (o mais próximo do casal), permanecendo até a década de 50, quando participamos da Igreja os pastores eram o Pr. Eber Vasconcelos foi o terceiro a assumir o pastoreio na década de 50 e saiu para assumir a I.B. Memorial de Brasília na década de 60 após a fundação da cidade.

O quarto pastor da igreja e sucessor do Pr. Eber, foi o Pr. Marcílio G. Teixeira que esteve à frente da igreja até o início dos anos 70.

Durante a história da igreja foram levantados pastores e missionários e 11 igrejas foram organizadas. São elas: Igreja Batista Central de Olaria, Igreja Batista em Ramos, Higienópolis, Filadélfia, Jacarezinho, Vigário Geral, Honório Gurgel, Alegria e Nova Sião." (Jornal Batista, 1920) (18).

Mais tarde, casado e com filhos, morei na Av. Marechal Rondon e fiz parte da Igreja Batista de São Francisco Xavier. O pastor na ocasião era José Vilaça da Silva. Ele esteve à frente do final dos anos 1970 até 1983. Lá fui professor dos intermediários e responsável pela evangelização no morro de Mangueira, no Parque Bandeira, havia uma congregação onde pregava. Fiz evangelismo no chamado Buraco Quente. O trabalho evangélico nas favelas somente pode ser feito acompanhado por um morador.

XII. 1 – Uma breve história do missionário Salomão Ginsburg

"Salomon Ginzburg foi um missionário batista no Brasil reconhecido pela sua importante atuação nos campos carioca, fluminense, paulista e pernambucano. Nascido no dia 06 de agosto de 1867, Ginzburg era filho de um rabino. Natural da Polônia, ainda em sua infância mudou-se para Londres, isto é, lugar onde se converteu ao protestantismo e abandonou o judaísmo. Após ser acolhido num lar para judeus convertido, Ginzburg manifestou seu interesse pelo trabalho missionário. Matriculando-se em uma escola de missões internacionais, aos 23 anos foi consagrado ao ministério pastoral e ingressou como missionário no Brasil através do apelo da Sra. Sarah Kalley, esposa do Rev. Dr. Robert Kalley é fundador da Igreja Evangélica Fluminense. Mudando-se para Portugal, a fim de aprender a língua, Ginzburg hospedou-se na casa da família Fernandes Braga (família de burgueses protestantes que, tempos depois, vai para o Brasil e funda a Fábrica de Chapéu Mangueira e o Hospital Evangélico). No decorrer da década de 1890, Ginzburg entra em conflito com a Igreja Fluminense por conta do seu método de batismo e adere ao movimento batista carioca. Desse modo, filiando-se como missionário da Junta de Richmond, dedicou-se à evangelização do Estado do Rio de Janeiro (tendo a cidade de Campos como alvo prioritário de sua atenção). Em linhas gerais, Salomon Ginzburg foi um dos personagens mais ativos na promoção e na fundação da Convenção Batista Brasileira, das

Convenções Batistas Regionais, da Junta de Missões Estrangeiras e do Jornal Batista." (MEIN, 1956, p.40). (19)

Um fato interessante a seu respeito:

"Em 1912, chegando a Londres, vindo de Lisboa, reservou passagem para Nova Iorque. Algumas viagens foram suprimidas, restando a Ginsburg escolher entre viajar no Majestic, no dia 2 de abril ou Titanic no dia 10 de abril. O desejo de embarcar no Titanic era grande, mas resolveu antecipar sua ida para Nova Iorque. Viajando num navio bem modesto, Ginsburg chegou a Nova Iorque em 15 de abril, aquele domingo trágico. Faleceu em 1927, deixando sua biografia Um Judeu Errante no Brasil, publicada pela JUERP em 1932, traduzida pelo pastor Manuel Avelino de Souza."

Capítulo XIII

Breve História da Segunda Igreja Batista do Rio de Janeiro

Saí da Igreja de São Francisco Xavier e fui, a convite do pastor Ezequias Lopes de Souza, da Segunda Igreja Batista do Rio de Janeiro, situada à rua Adolfo Bergamini, no Engenho de Dentro, auxiliá-lo na evangelização. Na Segunda Igreja Batista do Rio de Janeiro, entre muitos afazeres, fui diretor de finanças e professor de Teologia num Curso Avançado de Teologia para obreiros, patrocinado pelo Seminário Teológico Batista do Sul do Brasil.

"Após a fundação da PIB de Niterói, a segunda igreja instituída pela PIBRJ foi alicerçada no bairro de Engenho de Dentro. Por ser também a segunda comunidade batista da capital, essa instituição foi intitulada como Segunda Igreja Batista do Rio de Janeiro. Organizada no dia 12 de junho de 1901, essa congregação recebeu 21 cartas da igreja mãe. Vale mencionar que, após ser elevada ao status de igreja, essa comunidade ficou encarregada de acompanhar as congregações dos bairros de Santa Cruz e Madureira" (O JORNAL BATISTA, junho de 1901).

Vale lembrar que quase todas as zonas da cidade do Rio de Janeiro foram alcançadas pelas ações missionárias da PIBRJ.

Houve moções de aplauso da Câmara de Vereadores do Rio de Janeiro à Segunda Igreja Batista do Rio de Janeiro.

"Segunda Igreja Batista do Rio de Janeiro, fundada em 12 de junho de 1901, pelo Pastor W. E. Entzminger, cuja trajetória abençoada vem sendo escrita na história eclesiástica pela generosidade e empenho de homens e mulheres comprometidos com a Palavra de Deus, que no passado e no presente, através do incansável trabalho de evangelização, tem alcançado multidões de pessoas que foram salvas pelo poder libertador de Jesus Cristo." (18)

Capítulo XIV

Favela de Mangueira

Após esta pequena pausa, continuamos nossa viagem até Rio Dourado.

O trem seguiu seu curso, expelindo fumaça, apitando, soltando alguns pedaços de carvão fumegantes, mas, na inebriante viagem, tudo era relevado a segundo plano. Do lado esquerdo, a Favela do Esqueleto e, do lado direito, a suntuosa favela de Mangueira.

As terras onde está a favela de Mangueira foram doadas ao Visconde de Niterói pelo imperador D. Pedro II; após a morte do Visconde, deu-se início à ocupação do morro e sua história. "Quando os primeiros barracos e barracões foram armados na Mangueira, o Visconde de Niterói já havia falecido. Por conta disso, foi mais tranquilo para as pessoas, que eram muito pobres, realizarem a ocupação «, frisou o historiador Maurício Santos.

Inicialmente o morro era conhecido por Pedregulho, pelas grandes pedras no alto do morro. Em 1852, com a implantação das linhas telegráficas para servir ao Palácio Imperial, passou a chamar-se Morro do Telégrafo. O nome Mangueira foi adotado por existirem muitas mangueiras no local; e a uma das principais produtoras de mangas do Rio de Janeiro.

Os escravizados fugitivos das casas dos nobres em São Cristóvão e os alforriados foram os primeiros moradores. Era entre as suas mangueiras que a cavalaria ia procurá-los.

Em 1908, o prefeito Francisco Pereira Passos realizou a reconstrução da Cidade do Rio de Janeiro. No início foram demolidas várias casas em que moravam militares e civis ao redor do 9º Regimento de Cavalaria, que ficava no fundo do Palácio Imperial. O comandante permitiu que levassem sobras das demolições das casas, e eles foram morar no morro de Mangueira.

As demolições dos casarões antigos aconteceram devido a várias epidemias ocorridas no Rio de Janeiro e para abrir vias de escoamento à população. Não havia uma política de saneamento básico, portanto era necessária uma reformulação completa desses lugares. Conta-se que moravam no centro mais de 1 milhão de pessoas, sub locadas em cortiços, permitindo a difusão de enfermidades. Das pessoas expulsas do Centro, muitas foram morar no morro de Mangueira. Em 1916, houve um incêndio no morro Santo Antônio, e muitos dos que perderam seus barracos também foram para a Mangueira. Conta a historiadora Margarida de Souza Neves que Coelho Neto chamou a cidade modernizada de 'Cidade Maravilhosa', tornando hino oficial da cidade. Estava feita a reforma que transformou o Rio de Janeiro na capital do progresso". (19)

Com a remoção da Favela do Esqueleto para Vila Kennedy, alguns optaram por morar em Mangueira.

Capítulo XV

A fábrica Chapéu Mangueira

A Fábrica de Chapéu Mangueira foi fundada, em 1857, no Largo Santa Rita e na rua de São Pedro, no centro da capital do Império, pelo português José Antônio Fernandes Lopes. Seu irmão mais novo, José Luiz Fernandes Lopes (posteriormente José Luiz Fernandes Braga), veio de Portugal para trabalhar na fábrica, porém converteu-se a Jesus Cristo, na Igreja Evangélica Fluminense, atual Igreja Congregacional, e, por isso, não desejou mais trabalhar aos domingos, sendo demitido pelo irmão.

Robert Reid Kalley, o pastor da igreja, conseguiu, junto à colônia britânica do Rio de Janeiro, um emprego de vigia noturno no porto para José Luiz. Acredito que Salomão Ginsburg havia plantado a semente do evangelho no coração dele quando foi para Portugal aprender o português e ficou hospedado em sua casa.

Com a morte de seu irmão, José Antônio Fernandes Lopes assumiu a direção da fábrica, comprou a parte do outro sócio e a parte dos herdeiros, tornando-se o único dono.

Houve um incêndio, em 1896, e a fábrica foi reconstruída dois anos depois, na Rua 8 de dezembro, ao lado da frondosa mangueira e da estação de trem que deram nome à região. Em 1910, a fábrica adotou o nome fantasia Chapéus Mangueira, àquela altura já bastante popular na cidade. Na inauguração houve um culto de agradecimento a Deus. O jornal *O Cristão* informou que, no culto, o pastor orou a fim de "implorar a direção e bênção de Deus sobre o proprietário e operários". No final da matéria, a informação relevante: "Esta fábrica não funciona aos domingos. Ele fundou o Hospital Evangélico e a ACM (Associação Cristã de Moços)".

Com sua morte, em 1820, a fábrica faliu; suas instalações hoje são depósito das alegorias da Escola Samba Estação Primeira de Mangueira. A Escola tem esse nome, Primeira, por apropriar-se do nome da Estação de Mangueira, que foi a primeira estação vinda da Central do Brasil para o interior da cidade.

Capítulo XVI

Aventuras na Costa Verde – Sahy – pesca e camping

O trem segue em frente. Antes de dobrar à direita, seguindo seu destino, ele deixa o tronco principal da ferrovia, que vai para os subúrbios do Rio de Janeiro, São Francisco Xavier até Deodoro. Outro tronco se desvia à esquerda, indo para Vila Militar até Santa Cruz e Matadouro. Em Santa Cruz, há uma via ferroviária que segue até Mangaratiba, que era servida por locomotiva a óleo diesel, hoje desativada.

Antes da rodovia Rio-Santos, para chegar a Itaguaí e Mangaratiba, era preciso ir até o km 32 da antiga Rio-São Paulo ou entrar numa via por Santa Cruz e chegar às margens do Rio da Guarda. Para atravessar para o outro lado do rio, havia uma ponte que servia ao trem e aos carros; nas margens opostas, havia um sinal, que dava a permissão aos carros enquanto o trem não chegava à ponte.

Certa vez, meus dois irmãos, meu cunhado Vidson e eu fomos pescar em Sahy. Quando chegamos a essa ponte, o sinal estava fechado para nós; olhei do outro lado, nenhum carro, então dei uma de esperto, mas todo esperto se atrapalha com sua própria esperteza. Levei o carro para cima da ponte e, quando olhei, vi que o sinal estava fechado para os dois lados, o trem estaria vindo. Disse para a turma que, se o trem aparecesse, deveriam abrir a porta e pular fora, tudo correu bem. Passamos por Itaguaí, de onde tenho gratas lembranças. Há nesse município o bairro Mazomba e nele o sítio de um vereador, pai de um amigo nosso, membro da Igreja Congregacional de Campo Grande. Durante o Carnaval, sempre abria o Sítio para os jovens da igreja realizarem um retiro. Eu intercalava os retiros; quando desejava, ia a Mazomba; quando não, ia, com os jovens da Primeira Igreja Batista de Campo Grande, a Itatiaia.

Continuamos nossa ida para pescar. Ao lado de Sahy, fica a Praia Grande e, em frente a elas, uma ilha. Um rapaz em Praia Grande alugava uma canoa, pagamos e fomos para trás da ilha. Estávamos pescando próximo às pedras, quando meu irmão Jorge fisgou uma cobra do mar. O animal veio sibilando, num desespero terrível, e enroscando na linha de pesca; meu irmão tomou um susto e tocou horror, acho que ficou mais desesperado do que a cobra, chamou Arthur, ele era o responsável pela poita, então veio uma onda e levantou a canoa, que tocou com a popa na pedra. Estávamos apenas com um remo, o rapaz remava desesperadamente, a canoa não se mexia, ainda estava no fluxo da onda, quando reflui. Todos nós, com as mãos, remamos e conseguimos sair do sufoco. Ficou na memória.

As praias do litoral verde do Rio de Janeiro, próximas à divisa de São Paulo, eram na época as que mais nos atraíam: Itacuruçá, Muriqui, Sahy, Praia Grande, Mangaratiba, Angra dos Reis e Paraty.

No carnaval de 1970, fiz um camping selvagem em Sahy, com minha esposa, minha filha Denise, com um 1 de idade, minha irmã Rita, seu esposo, Osvaldo, o Vidson, meu irmão Itinha, sua esposa, Sandra, e sua filha Solimar, também com 1 ano de idade..

Um acampamento sui generis, o primeiro e selvagem. Todos nós nas barracas do Exército, as quais foram desativadas do serviço militar, por não cumprirem mais o papel a qual eram destinadas. Foram então distribuídas aos que desejavam, e conseguiram algumas, além de camas de campanha.

Organizamos nosso camping no estilo indígena. As barracas com o pessoal ao redor das dos víveres, tudo muito bem feito. A alimentação era feita ali mesmo, a água para beber e cozinhar apanhamos num poço de uma casa na entrada da praia próxima. Para tomar banho, usávamos uma pequena queda d'água na ponte ferroviária. Passamos momentos agradáveis. No último dia de nossa estada, caiu uma tempestade, inundou a barraca do Itinha, e tivemos que mudar a Sandra com a Solimar para minha barraca. O Itinha e eu nos arrumamos com as barracas dos mantimentos. A estrada Rio-Santos estava em construção, e levei a primeira turma para organizar o local. No retorno para buscar as mulheres e as crianças, a trepidação da estrada fez os parafusos de uma das rodas do meu carro soltarem, e tive que tirar um parafuso de cada roda para prender a que soltou. Meu carro era um Mercedes Benz 1952, o pretinho querido, amado pelos companheiros do quartel, sofremos bullying, eu e o carro.

Passados alguns dias do acampamento, minha irmã disse que, na praça da Matriz de Campo Grande, Igreja Nossa Senhora do Desterro, uma pessoa vendia títulos do Camping Club do Brasil, se não seria o caso de eu comprar um título e assim acampar com mais segurança. Então comprei o Título de Proprietário e acampei em quase todos os campings do Rio de Janeiro.

Minha filha Denise, já casada, soube que o camping de Araruama II estava ensinando crianças a velejar e matriculou sua filha Thamiris e sua sobrinha Mylena. Thamiris ganhou várias medalhas e participou da Trans Araruama com o barco Optimista, saindo da Praia do Barbudo até a Ponte dos Leites, e com o barco Dingue, saindo de São Pedro de Areia até o Clube Náutico de Araruama, um feito memorável. Chegou em quinto lugar entre 18 barcos, saiu de São Pedro em penúltimo lugar e chegou em quinto entre as feras.

Capítulo XVII

Breve relato sobre a Linha ferroviária Auxiliar

Nosso trem contorna o morro de Mangueira à direita e, perpendicular à esquerda, a estação de Triagem.

A rede ferroviária auxiliar, SuperVia, segue em direção à Baixada Fluminense. Passa por Vieira Fazenda, onde se encontra a cidade de Polícia, mais à frente Maria da Graça; ao lado paralela, a Faculdade de Reabilitação (FRASCE). Estudei nessa faculdade. Fiz Terapia Ocupacional, nos anos 1980, e fui laureado com um prêmio em dinheiro por participar de um concurso de monografia em homenagem ao seu patrono, Egas Muniz. Fui o segundo colocado; o primeiro, por exigência de um professor, fez uma pesquisa de campo sobre o trabalho de Terapia Ocupacional nos centros públicos e privados, mais tarde o professor pediu-me desculpas por ter influenciado no resultado do concurso.

Continuando, nós, ao deixarmos o trem para conhecer o ramal da linha auxiliar, passamos por Del Castilho, onde havia a fábrica de cerâmica Klabin:

"1931: Wolff adquire a Manufatura Nacional de Porcelanas, no subúrbio de Del Castilho, que fabricava de forma artesanal pratos e travessas de louça, isoladores elétricos, ladrilhos e azulejos. Era um negócio que tinha tudo para dar errado, pois os equipamentos eram ultrapassados, os produtos tinham qualidade inferior e a fábrica estava com dívidas acumuladas. Wolff pagaria apenas quando pudesse. Decidiu-se por um contrato de locação de cinco anos com opção de compra. Wolff investe em equipamentos, traz técnicos do exterior e se concentra na produção de azulejos. Dez anos depois da aquisição, a Manufatura Nacional de Porcelanas Klabin torna-se a maior produtora de azulejos do mundo, barateia os custos e vence a concorrência estrangeira." (21)

O historiador Maurício Santos nos conta que:

"Shoppings, normalmente, remetem à modernidade, ao futuro. Entretanto, o Nova América, que fica em Del Castilho, na zona norte da cidade, tem uma relação muito forte com o passado. A história desse shopping começou bem antes de o espaço com lojas e áreas de lazer surgir. Em 1925, funcionava, onde hoje fica o Nova América, a Companhia de Tecidos Nova América. Durante os anos 1920, a cidade do Rio de Janeiro viveu um período de muito desenvolvimento e a Companhia de Tecidos Nova América fez parte disso, já que era uma das maiores empresas cariocas e brasileiras da época.

De 1925 a 1991, a Companhia de Tecidos Nova América funcionou a todo vapor no lugar onde hoje fica o Shopping. Depois disso, a fábrica foi transferida para a unidade de Fonte Limpa, em Duque de Caxias, na Baixada Fluminense.

Foi aí que começou a história do Shopping Nova América, que passou a funcionar em 1995. A arquitetura da fábrica, toda em tijolinhos, estilo inglês do início do século XX, foi mantida." (22)

Fui morar próximo a Inhaúma em 1982, entre Engenho da Rainha e Tomás Coelho, na antiga Estrada Velha da Pavuna, hoje Adhemar Bebiano. A estrada leva esse nome em homenagem ao antigo fundador e proprietário da fábrica Nova América, que empregava os moradores do bairro. Também foi Presidente do Clube Botafogo nos anos de 1944 a 1947.

Capítulo XVIII

Breve história da Primeira Igreja Batista de Inhaúma

A organização da igreja

Fui membro da Primeira Igreja Batista de Inhaúma e participei ativamente nos trabalhos de evangelização na comunidade Águia de Ouro. Com um grupo de jovens evangelizando no presídio Frei Caneca; só deixei a Igreja quando fui morar em Saquarema, em 1991.

"Em 7 de setembro de 1933, foi organizada a atual Primeira Igreja Batista em Inhaúma (PIBI), 25ª Igreja Batista criada no Distrito Federal. Nos anais da organização, consta a presença de 58 membros fundadores, sendo 39 oriundos da Igreja Batista em Tauá e os demais da Igreja Batista do Méier, da Igreja Batista da Tijuca, da Igreja Batista do Engenho de Novo, da Igreja Batista em São João de Meriti e da Igreja Batista em Campo Grande, atualmente a Primeira Batista em Inhaúma localiza-se na Rua Padre Januário.

A igreja foi fundada há 90 anos.

A Primeira Igreja Batista em Inhaúma foi fundada em 7 de setembro de 1933, na Rua Castro Lopes 46-B, no referido bairro, sob o título de Igreja Batista em Inhaúma. Contudo, o início da sua história antecede ao próprio momento de sua organização.

Os irmãos fundadores da nova instituição passaram por muitas lutas para consolidarem a Igreja no Bairro de Inhaúma.

Em dezembro de 1932 o Diácono Silvino Carlos dos Santos e mais 17 irmãos, alguns deles originários da Igreja Batista de Pilares, organizaram a Congregação Batista Independente de Inhaúma.

Em um curto espaço de tempo, o trabalho da incipiente organização foi ampliado, levando o grupo a formar a Igreja Batista independente de Inhaúma, cujo pastorado foi entregue ao acima citado diácono, que nele permaneceu até maio de 1933, quando foi eleito o Pastor Professor Walfrido Monteiro.

Naquele mesmo ano, a referida Igreja foi incorporada à Igreja Batista em Tauá, sob forma de uma Congregação totalmente integrada ao seio da denominação Batista." (25)

Em Tomaz Coelho, há uma bifurcação, o metrô corre integrado aos trens da SuperVia e a deixa à direita, seguindo em direção à Pavuna, no mesmo sentido da antiga via D'Ouro; passa por Vicente Carvalho, Irajá e Pavuna.

No outro sentido, à esquerda, os trens da SuperVia passam por Cavalcante, onde se encontrava a Junta de Educação Religiosa e Publicações da Convenção Batista Brasileira (JUERP).

Extensas publicações foram editadas pela JUERP. Um artigo de minha autoria foi publicado no Jornal Batista, "Os Deficiente que Deus usou". Por meio deste artigo, fui convidado para realizar uma série de conferências sobre o tema na Primeira Igreja Batista em Jacobina, Bahia. Em outra ocasião, participei de um concurso literário, estilo romance, no qual usei o tema "O Jugo Desigual". Fui classificado, porém só dava direito a um livro para ser publicado, foi o de um português.

Seguindo em frente, encontramos a estação de trem Magno, uma estação paralela à de Madureira. Essa proximidade faz do local a afluência de muita gente, vinda de vários lugares, consumidores e ambulantes. Ao lado da estação de Magno, o Mercado Popular, vendia de tudo; à frente, na Conselheiro Galvão, o estádio do Madureira Futebol Clube.

Capítulo XIX

Breve relato sobre o bairro Rocha Miranda e Bento Ribeiro

Continuando, chega-se à estação Rocha Miranda, que me traz gratas lembranças.

Quando meu pai faleceu, minha mãe não sentiu desejo de dormir em nossa casa no mesmo dia do funeral e pediu ao meu tio, filho adotivo de vó Marieta, para ficar em sua casa, que tinha três quartos e era bem espaçosa. Meu tio permitiu. Durante a madrugada, meu irmão Jorge passou mal, provavelmente em decorrência dos acontecimentos do dia; ele vomitou, minha mãe acendeu a luz do quarto para limpá-lo e, quase de imediato, as luzes se apagaram. Ouvimos vozes dizendo ser geral, mas, pela manhã, descobrimos que meu tio havia desligado a luz para economizar. Minha mãe, ao saber desse detalhe, imediatamente deu ordens para irmos à casa de vó Emiliana em Rocha Miranda. Minha avó morava entre os bairros de Bento Ribeiro e Rocha Miranda, na rua Traipu.

Éramos frequentes na Igreja Batista de Bento Ribeiro, converti-me a Jesus numa pregação do Pastor Jogli Alves Feitosa, pastor da Primeira Igreja Batista de Rocha Miranda.

Fui levado às águas batismais pelo Pastor José Lins de Albuquerque, da Primeira Igreja Batista de Bento Ribeiro. Por ser menor de idade, tinha 9 anos, não tinha sido aprovado para o batismo. Então houve uma reunião entre as lideranças, fui arguido no conhecimento do Evangelho e aprovado. Isso se deu em 12 de outubro de 1950.

Capítulo XX

História e organização da Primeira Igreja Batista de Bento e Ribeiro

"A Primeira Igreja Batista de Bento Ribeiro, foi organizada no bairro de Bento Ribeiro – Rio de janeiro, de uma forma um tanto quanto diferente das demais coirmãs na sua formação. As circunstâncias motivaram o desejo de um intrépido grupo de irmãos em lançar mãos à obra, no sentido desse grande e nobre ideal! O fato surpreendente e inusitado, é que esses idealizadores não eram nativos da terra carioca. Na década de 20, assolava o país terrível recessão, castigando cruelmente as regiões norte e nordeste. Essas são as mais sofridas, com grande escassez de trabalho.

A demanda ao Sul do país era a esperança de dias melhores, principalmente nos estados do Rio e São Paulo, com perspectivas positivas. Nessa época aportavam ao Rio de Janeiro, várias levas de nordestinos por via marítima especialmente de Pernambuco, inclusive vários crentes também com esse mesmo objetivo - sobrevivência. Já instalados em residências de parentes e principalmente amigos, procuravam cultuar ao Senhor normalmente. Não se filiavam às igrejas locais por um princípio básico: eram membros de igrejas filiadas à outra convenção Batista dissidente; denominada – Associação Batista Brasileira. Essa duplicidade foi extinta no ano de 1938, graças à concordância de ambas as partes.

Arregimentado o primeiro grupo de irmãos, resolveram organizar uma congregação, tendo em vista a organização de uma igreja batista, assim que as condições o permitissem, com a ajuda e orientação do Santo Espírito do Senhor.

Primeira reunião – 04 de abril de 1929 – Na Rua Tácito de Esmeriz, 91 – Bento Ribeiro/RJ; Segunda reunião – 07 de abril de 1929 – Eleição da Diretoria da congregação. Moderador - José Honório Freire Secretário – Agripino Ferreira de Barros Tesoureiro – Antônio Rufino dos Santos Superintendente da EBD – Diácono Agripino Ferreira de Barros Secretária – Maria Margarida do Nascimento Tesoureira – Pureza de Organização da Congregação em Igreja – Entusiasmados com o crescimento da obra, resolveram contratar a Associação Batista Brasileira (Convenção que se reunia com a igreja Batista Mares/BA, de 25 a 27 de Junho de 1929), para estudo das condições de trabalho na congregação com fito da Organização em Igreja. A citada Convenção enviou a Bento Ribeiro – o Pastor Tiago Corrêa de Araújo, Pastor da Igreja Batista de Cordeiro – Recife – Pernambuco, que dirigindo a congregação por espaço de três meses e vinte e quatro dias, foi organizada a igreja no dia 28 de Julho de 1929, com sede na Rua Pacheco da Rocha, número 134 em Bento Ribeiro com a seguinte denominação – Primeira Igreja Batista Brasileira em Bento Ribeiro – Rio de Janeiro/RJ – Eleita a seguinte diretoria: Pastor Presidente – Pr. Tiago Corrêa de Araújo Vice-Moderador – José Honório Freire Primeiro Secretário – Diácono Agripino Ferreira de Barros Segundo Secretário – Armando Gomes Tesoureiro – Antonio Rufino dos Santos." (30)

Capítulo XXI

História e organização da Primeira Igreja Batista de Rocha Miranda

Um pouco de nossa história:

"Dia 25 de janeiro de 1934, oriundo das Igrejas Batistas em Madureira e Bento Ribeiro, treze irmãos, desejosos de anunciar o Evangelho de Jesus Cristo, reuniram-se com o propósito de organizar a Igreja Brasileira em Rocha Miranda, situada na Rua dos Diamantes, 99. A data da organização foi marcada para 02 de fevereiro de 1934.

Após onze meses de atividades, o grupo transferiu-se para a Praça das Pérolas, número 7, hoje Praça Oito de Maio.

A igreja crescia, graças ao esforço evangelístico de seus membros. A necessidade de um local para as celebrações tornou-se cada vez maior. Todos uniram-se em oração e Deus não foi tardio em dar a resposta. Deus proporcionou aqueles queridos irmãos um terreno na Rua Cotijuba, 61. O mesmo foi adquirido com muito esforço e sacrifício. Todavia com muita alegria.

Dia 18 de agosto de 1935, em um culto festivo, era lançada a pedra fundamental do novo templo. Já não eram treze, mas trinta e oito, o número de membros. Houve um crescimento de 192,2%. As organizações estavam em plena atividade e os cultos eram abrilhantados por um coral expressivo.

Não obstante tantas bênçãos, a Igreja começou a sentir que não poderia viver isolada de suas coirmãs. Assim, no dia 18 de dezembro de 1936, sob a direção da Primeira Igreja Batista em Ricardo de Albuquerque, que promoveu o concílio examinador, uniu-se à Convenção Batista Brasileira, como o nome de Igreja Batista em Rocha Miranda.

Em 1959, o pequeno templo construído com tanta dedicação por nossos fundadores, já não comportava os que vinham para adorar ao Senhor. Pastor Rodolpho Cabral de Mattos levou a Igreja a tomar a decisão de construir um novo templo. Tudo estava preparado, quando num domingo, enquanto pregava, Pastor Rodolpho sentiu-se mal, vindo a falecer pouco tempo depois. A dor foi grande, mas o sonho de um novo templo, não se desfaleceu.

Em 1981, o sonho começou a se tornar realidade, sob a liderança do Pastor Isaías Martins, a Igreja voltou a decidir pela construção de "Uma casa digna de um Rei". Novo projeto, campanhas, a euforia geral. E, assim, em março de 1982, com muita emoção, em mutirões, começamos a demolir o velho templo, para dar lugar ao novo.

Sessenta e três anos passados. Lutas, dificuldades, mas sempre a certeza da presença do Senhor. Estamos alegres pela Sua fidelidade para conosco, por tudo que nos fez. Estamos alegres, porque muitos de nossos filhos, estão espalhados pelo nosso Brasil, servindo a Deus como pastores, missionários, líderes ativos em suas Igrejas. Estamos alegres, pelo futuro promissor que já podemos descortinar. Estamos alegres porque temos sido fiéis aos propósitos divinos de salvar e edificar vidas. Soli Deo Gloria." (31)

Antes de voltarmos ao trem em Triagem, vamos falar um pouco da estadia na casa de vó Emiliana.

Havia, próximo à casa de minha avó, um palacete em Marechal Hermes.

"Ele ficava na rua Boqueirão e abrangia um quarteirão. Foi construído a mando do Marechal Hermes da Fonseca para a sua esposa Nair de Teffé, que além de Primeira-Dama entre 1913-14, foi a primeira caricaturista brasileira. Anos depois o casarão pertenceu a uma família libanesa, que morou no palácio por muitos anos. Eles foram os últimos moradores do palacete que, infelizmente, no início dos anos 80 já estava em ruínas. A herdeira o vendeu e o palacete acabou sendo demolido para a construção de um condomínio de casas, que levou o nome de Condomínio Palacete." (32)

Nas proximidades do Natal, realizava-se festa para crianças carentes do bairro, e minha avó nos levava; ganhamos guloseimas e alguns brinquedos. No alto falante, como sempre, Francisco Alves cantava a música *Canção da Criança*. Uma das estrofes diz:

Criança feliz, que vive a cantar
alegre embalar seu sonho infantil
ó meu bom Jesus, que a todos conduz
olhai as crianças do nosso Brasil!.

Capítulo XXII

Um pouco de Francisco Alves

"Alves era uma figura alta e magra; andava sempre elegante e bem penteado; muito sorridente e avesso às bebidas. Como seu ídolo Vicente Celestino, tinha uma voz de tenor mas, com o tempo, consolidou-se em barítono. De origem humilde, deixou uma vasta produção de mais de quinhentos discos; sua morte trágica causou imensa comoção no país, num sentimento que um de seus biógrafos, David Nasser (que também era amigo e compositor de algumas músicas por ele interpretadas), escreveu: Tu, só tu, madeira fria, sentirás toda agonia do silêncio do cantor."

" Em setembro de 1952 Alves, que sempre procurava desenvolver atividades filantrópicas, gravaram a 'Canção da Criança', com a participação do coral formado por meninas da "Casa de Lázaro", em benefício da qual a renda desta seria revertida; foi para divulgar este trabalho que viajou à capital paulista para apresentar-se num show, pela Rádio Nacional, no Largo da Concórdia; ali dirigiu-se ao final à multidão que o escutava, fazendo um pedido para que todos ajudassem a infância" (Wikipédia\Extrato relevante, na década de 1950).

Vó Emiliana morava no fim da descida do morro da rua Pacheco da Rocha. Aos domingos, após a escola dominical e o culto matutino, seguíamos pela rua ouvindo músicas na Rádio Nacional, no programa "O Rei da Voz". Com a morte de Francisco

Alves, outros cantores passaram a se apresentar, como Orlando Silva, Sílvio Caldas, Carlos Galhardo etc.

Certa vez, indo para casa acompanhado por duas moças da igreja, vizinhas de minha avó, perguntei se uma delas queria me namorar. Elas riram muito e disseram que eu devia comer muito feijão. Eu tinha 10 anos.

Próximo à igreja, havia uma farmácia de judeus, na qual minha mãe me empregou. Com o primeiro salário, não lembro a quantia, comprei um tamborim; minha mãe teve uma crise, e tive que trocar. Com o segundo salário, comprei um anel, minha mãe quase morreu — só mais tarde soube que estava empregado na farmácia, mas quem pagava meu salário era minha mãe com a pensão dela. Tinha me empregado para eu não ficar à toa.

Quando fui para casa de vó Emiliana, estava traumatizado, tinha sido reprovado por falta na Escola Municipal João Proença, devido à morte de meu pai. Em Rocha Miranda, no ano seguinte, fui matriculado no Colégio Municipal Nossa Senhora da Paz. Houve um concurso de matemática, não sei se só entre os alunos da minha classe ou se entre os alunos de outras classes, promovido pela direção. O concurso premiará quem conseguisse dividir um número pelo divisor de mais de três números, ganhei uma medalha pelo terceiro lugar, a qual se perdeu após a morte de minha mãe.

Havia uma rua perpendicular à rua da casa de minha avó, ao lado um valão fétido, onde, às vezes, o bloco carnavalesco do bairro realizava ensaio. Num desses dias, falei para minha avó que ia balançar meu corpo no ensaio, ela foi contra, disse que eu não tinha nenhum traquejo daquilo, que não sabia nada de bloco de carnaval; falou para eu não ir, pois os garotos poderiam me machucar, já que não me conheciam. Não lhe dei ouvidos e fui; quando cheguei no local, a garotada me olhou com deboche, como a dizer um marreco no meio de profissionais. Um garoto veio dançar na minha frente, eu parecia um poste, cintura dura, as pernas pareciam chumbada no chão, uma triste figura. Ainda tinha o barulho ensurdecedor de surdos, tambores e chocalhos. Outro garoto, por maldade, aproximou-se e deu-me uma rasteira, caí no valão e fiquei com lama dos pés à cabeça; a garotada riu, eu, todo envergonhado, saí do valão correndo e fui para casa. Minha avó, quando me viu, ficou apavorada e triste com a situação, deu-me roupas limpas e mandou-me tomar banho, depois me beijou, abraçou-me e disse: "por que não me ouviu?".

A vida é assim, aprendemos com os erros.

Capítulo XXIII

História do Parque e Depósito de Material de Comunicações e Eletrônica

Voltemos à Triagem, ao nosso trem!

Do lado esquerdo da estação de Triagem, olhando para frente, há o depósito da Light; voltando pela rua, o Depósito de Suprimento do Exército; ao lado, os fundos do antigo Depósito Manutenção de Engenharia. Fiquei de Cabo da Guarda neste portão. Seguindo, junto à esquina da rua Licínio Cardoso, há o Laboratório Químico do Exército; mais à frente, a escola Tempo Feliz, onde matriculei meus filhos. Meu filho, por não parar quieto, machucava-se, e eu tinha de levá-lo ao Hospital Central do Exército (HCE). Certa vez, brincando no balanço da escola, o assento bateu em sua testa, abrindo o supercílio, levei ao HCE para costurar a ferida.

Indo mais à frente, está à rua Mal. Suckow, que termina na rua Dr. Garnier, em cuja esquina erguia o inefável Parque Depósito e Manutenção de Material de Comunicações e Eletrônica, onde passei o melhor de minha vida profissional. Fiz excelentes amizades. Continuamos a lembrar desse tempo nos encontros anuais, nos quais matamos as saudades e lembramos dos gratos momentos passados no Parque.

Em novembro fui para o Parque fazer o curso, e tudo correu bem. Em fevereiro de 1963, quase no fim do curso, o Capitão da Secretaria do GCan chamou-me e disse que eu não havia me engajado e, como tal, não era mais cabo do Exército; disse ainda que eu estava no Exército por força do curso, assim ao final e apresentação no quartel, seria dada minha baixa do Exército. Observamos o cuidado de Deus em alertar a minha condição no Exército, se não houvesse este alerta, ao término do curso e ser desligado do Parque, ao apresentar-me no GCan, seria automaticamente licenciado do Exército.

Fui ao Parque, contei minha história aos companheiros, disseram-me que, no Batalhão de Polícia do Exército, encontrava-se preso um cabo do Parque, estava para apresentar-se, seria dispensado do serviço ativo e sua vaga estaria em aberto.

Falei com o sargento responsável pela Secretaria, o Assunção, homem de um coração enorme. Ele me disse que conversaria com o coronel Moore, outro de enorme coração. Assunção disse que o Cel lhe falou para que ao término do curso não me desligasse, colocasse-me como Adido se Efetive Fosse, esperando a troca de qualificação militar quando, então, estaria apto a ser transferido para o Parque.

Terminado o curso, fui aprovado, mas não fui apresentado ao GCan. O Capitão S/1 chamou-me para ir ao GCan, estava em crise, disse que ainda não havia fechado o relatório do ano anterior por minha culpa; ele me deu alguns dias para resolver o problema, caso contrário, daria minha baixa mesmo como adido ao Parque. Falei com o Assunção, que me mandou ir ao Ministério do Exército pegar o Boletim do Exército em mãos. Assim eu fiz e peguei o Boletim onde estava publicada minha transferência de qualificação militar. Problema solucionado. Deus cuida de nós.

No Parque, o Assunção perguntou qual era minha atividade antes de entrar no Exército, eu respondi que tinha trabalhado na Imprensa Naval no Ministério da Marinha, ele então perguntou se eu sabia encadernar livros, e eu disse que tinha uma pequena noção. Assim, ordenou-me a organizar o arquivo do Parque.

Certo dia, durante uma visita de oficiais da Diretoria de Comunicações, um major perguntou o que eu estava fazendo, eu disse que estava organizando o arquivo do Parque, ele gostou do meu serviço e levou-me para o Ministério do Exército para organizar o arquivo da Diretoria de Comunicações. A partir de então, passei a dar expediente no Ministério.

Na última semana do mês de dezembro de 1965 estava no Ministério trabalhando. Às 17 horas terminou meu expediente, e fui, como sempre, para casa de trem, morava em Campo Grande. Quando o trem parou e abriu as portas, uma avalanche de pessoas desembarcou, e de repente caiu um temporal, todos começaram a correr para abrigar-se da chuva.

Para dar condições ao trem que viesse da Central do Brasil pelo lado esquerdo, fizeram um corte na calçada inicial da plataforma, diminuindo o espaço para os passageiros. Na chuva, alguns corriam sem rumo certo, eu corria também e procurava desviar-me dos outros, quando me dei conta estava caindo em direção aos trilhos. Aprumei o corpo para não cair de bruços e ter um traumatismo craniano, então caí em pé, a perna esquerda tocou no dormente da via primeiro e sozinha recebeu o impacto do peso do corpo. Tive uma grave luxação no joelho esquerdo, a perna soltou do joelho, e os músculos, mais fortes, puxaram-na para debaixo da coxa.

Prontamente fui socorrido e levado para o Hospital Rocha Faria. Na época já era deficiente auditivo e usava um aparelho, era de caixinha, não havia ainda os auriculares. Eu o perdi no tombo; um rapaz achou, guardou para mim e entregou-me; não o conhecia, elemento bom de coração.

O Hospital Rocha Faria não estava equipado para tratar-me, então me enviaram para o Hospital Carlos Chagas, em Marechal Hermes, porque não sabiam que eu era militar. Chegando lá, prepararam a sala de operação, e chegaram minha mãe e minha irmã, tinha sabido do acontecido por um amigo de meu irmão, o Theófilo. A importância dos familiares nos momentos difíceis. Tudo correu bem.

Fui engessado da virilha ao tornozelo. minha mãe pediu ao General Rodrigo Otávio Jordão Ramos, diretor da DCE, que eu fosse para casa, e ele deu a autorização.

Minha mãe, Débora Pinto Neves, meu padrasto, Ozeias da Silva, e meus irmãos, Itamar, Theófilo, Rita e Jorge, cuidaram de mim durante 45 dias. Depois desse tempo, fui levado ao HCE, onde tiraram o gesso e colocaram outro da metade da perna à metade da coxa. Passei mais 13 dias no hospital. Após esses procedimentos, minha perna esquerda era pele e osso.

Voltei ao trabalho, houve a chamada dos prováveis candidatos à promoção de sargentos para realizarem exames médicos. Eu era um deles, mas não fiz os exames com receio de ser reprovado e dar baixa do Exército, não tinha cinco anos de efetivo serviço.

Em maio do ano de 1966, meus companheiros do curso foram promovidos e eu deixei de ser promovido por falta de inspeção de saúde.

No outro dia, atravessando a via da Central do Brasil para chegar ao Ministério do Exército, elevei meus olhos aos céus e disse para mim mesmo: "Se Deus assim quis, assim fez, louvado seja o seu nome". Cheguei à minha seção, poucas horas depois, chegou um cabo e disse que havia me procurado por vários quartéis, pois o major responsável pelas promoções disse que somente o promoveria se ele me achasse. Fui falar com o Major, que me deu o prazo de 21 dias para fazer os exames de saúde; se tudo estivesse certo, me promoveria. No dia da inspeção de saúde, sentei-me entre dois sargentos e pedi a eles que, quando fosse chamado, tocasse minha perna, pois tiraria o aparelho auditivo.

O médico chamou-nos para perícia, ordenou que tirássemos a camisa e auscultou-nos. Então deu o resultado mais esperado: "ESTÃO APROVADOS". Sufoquei meu grito na garganta e fui para o pátio, lá chegando, levantei meus braços aos céus e gritei: "GLÓRIA A DEUS, LOUVADO SEJA O SEU NOME!!!".

Deus não solta a mão dos seus servos.

Capítulo XXIV

História de meu tempo na AMAN

No dia primeiro de junho de 1966, fui promovido a sargento do Exército Brasileiro e designado para servir na AMAN. Na data certa, apresentei-me em Resende.

Despedi-me de minha mãe e minha irmã, as duas emocionadas e orgulhosas. Eu estava fardado e com garbo, segui o caminho traçado por Deus para meu futuro.

Cheguei à AMAN, e tudo era novidade para mim. Apresentei-me no Batalhão de Comando e Serviço e fui alocado na 2 Cia de Serviço.

Deram-me oito dias para instalação, morei numa casa, com alguns companheiros no Monte Castelo. Às vezes, à noite, sozinho, ia à cidade degustar uma pizza brotinho acompanhada de um ovomaltine.

Em 1967, tivemos vários acontecimentos. Eu teria que fazer a prova para o Curso de Aperfeiçoamento de Sargento (CAS), mas, antes da prova, deveria fazer exame de saúde.

Participando de uma partida de futebol de salão, levei uma pancada na perna; logo inchou o local da pancada e cresceu um pequeno caroço. Ao fazer uma ultrassom, o cabo enfermeiro, por distração, queimou minha perna, e apareceu uma bolha. Fui ao médico e perguntei sobre a perspectiva de passar no exame médico para a prova do CAS, ele me disse que não havia nenhuma possibilidade de eu passar no exame por ser surdo.

Faltei às provas. O tempo passou.

Nesse mesmo ano, precisei me engajar no serviço ativo; para isso era necessário fazer exame médico, a princípio uma pequena ponta de preocupação. Será que passaria?

Uns dias antes da inspeção, a direção do hospital foi trocada, assumiu o posto de diretor o Coronel Médico Castelo Branco, uma pessoa finíssima. Também era surdo e me fez passar na inspeção.

Sempre que podia, ia ao prédio onde eu trabalhava para conversarmos. Fazia algumas brincadeiras comigo, andava com três aparelhos auditivos sobressalentes. Mais tarde foi diretor no HCE. Certa vez o encontrei, com seu segurança, na rua Anna Nery, esperando um táxi, conversamos rapidamente.

DEUS CUIDA DE NÓS! Aleluia!!!

Em 1967, houve uma tragédia na Serra das Araras, a rodovia Presidente Dutra, nesse ponto, era em via de mão única, e uma tromba d'água caiu sobre ela, destruindo-a completamente. Eu tinha o hábito de viajar cedo; por volta das dezenove horas, ia para o ponto, ali na Ponte Coberta, Belvedere, e pegava o ônibus para Resende.

A viagem transcorreu tranquila até Vista Alegre, quando caiu uma tempestade, o ônibus derrapou na estrada e tocou no barranco com a traseira. Conseguimos chegar bem em Resende, mesmo com a chuva torrencial. Fui à pizzaria, comi uma pizza brotinho, bebi, como sempre, um copo com ovomaltine, depois subi para o Monte Castelo. No outro dia, a notícia da destruição da Serra das Araras foi o assunto mais comentado. Soubemos que um companheiro, o Siqueira, havia morrido, assim como muita gente. Soube depois, pelo Reis, o que realmente acontecera.

Contou o Reis que ele e o Siqueira chegaram à Rodoviária Novo Rio à meia-noite para pegarem o último ônibus para São Paulo e saltarem em Resende. Eles tinham preferência pela empresa de ônibus Única; o Siqueira conseguiu passagem, o Reis, não. O ônibus estava cheio e não podia levar ninguém em pé, o Reis implorou para a atendente vender a passagem, não conseguiu, então foi no guichê da Viação Cometa, conseguiu a passagem. Tudo corria bem, quando, no meio da Serra das Araras, a água e os entulhos, com a força da chuva, traziam tudo serra abaixo. O ônibus que ia na frente, da viação Expresso Brasileiro, encostou no guard rail; o Cometa fez o mesmo; o Única não conseguiu e foi levado para o leito do Rio Ribeirão da Laje. Morreram todos os ocupantes.

No Cometa, e provavelmente na Espresso, surgiu um terror entre os passageiros querendo sair.

Para onde? A água e os entulhos levavam tudo.

Numa distração do Reis, uma manilha com arame enroscou em seu braço e o levou para o rio Ribeirão das Lajes; como sabia nadar, ele conseguiu se desvencilhar dos arames e voltou à superfície.

Não se via nada, um breu terrível. Ele começou a nadar sem rumo, disse que passava gente em tronco de árvore e de bananeira, então viu uma Kombi flutuando, segurou no parachoque traseiro, mas não foi muito longe, a Kombi bateu em alguma coisa, fazendo-o ir para baixo dela. Quando ela bateu com a parte de baixo na sua cabeça, fazendo-o afundar, já havia passado muito tempo, ele não conseguia se guiar e chegou a pensar em entregar os pontos.

Então um relâmpago iluminou o local, e ele viu que estava próximo à margem; nadou para lá e, quando estava começando a subir o barranco, ouviu um grito de "cuidado". Ele agachou-se, e um torrão de barranco passou sobre suas costas. Desmaiou e só acordou no HCE. Lá passou seis meses para extrair toda a lama de seu pulmão. Depois foi para o Centro de Preparação de Oficiais da Reserva do Rio de Janeiro (CPOR) e, por fim, tornou-se empresário.

Quem conheceu o Reis foi o Vidson no CPOR, ele era responsável pelo refeitório.

As notícias da tragédia foram muito divulgadas, as revistas de grande circulação se aprofundaram no assunto, apresentaram fotos, alguns relatos. Em Resende pouco se falou do ocorrido, e a vida voltou ao normal.

Soube depois de uma amiga que, com a irmã, tinham participado ativamente do auxílio aos desabrigados, fazendo viagens de Itaguaí a Campo Grande, levando alimentos e outros objetos de sobrevivência. Daysy também é amiga do Roberto. Disse que, no trajeto de Campo Grande a Itaguaí, viu muitos corpos no leito do rio da Guarda e que a cidade de Itaguaí estava quase submersa pelas águas. Essa tragédia foi considerada a maior do Brasil.

A Rodovia Presidente Dutra foi interditada nos dois sentidos, não sei em qual local para quem ia do Rio para São Paulo, se no atual anel metropolitano ou em Piabetá, de São Paulo para o Rio, se não me engano, em Piraí.

Os ônibus que saíam da Rodoviária Novo Rio para São Paulo iam e retornavam por Três Rios. Havia a opção do trem, eram de dois tipos: o de luxo, em aço, e o mais simples, popular de madeira, os dois eram confortáveis.

Certa vez vim para o Rio de trem, à noite. Em Piabetá, era feito o desvio dos trens, os que vinham do Rio e os que iam para São Paulo. Nessa noite, houve um problema, e o trem seguiria para o Rio só no dia seguinte pela manhã.

Achei uma estalagem horrível. A mulher que me atendeu não me mostrou o quarto, nem acendeu a luz; dormi num colchão de palha. O local era tão ruim que não o tenho na memória fotográfica.

A rotina na AMAN seguia tranquila. Quando o fogo simbólico da nação esteve em Resende, fui um dos selecionados para comandar um Grupo de Combate (GC) para guarnecê-lo. Um GC é composto de um sargento, dois cabos e seis soldados; ficamos 24 horas no centro de Resende tomando conta do fogo simbólico, não podia apagar.

A noite vicejavam os mais variados tipos de pessoas: os notívagos, que trocam o dia pela noite; os insones, que precisam, por vezes, de atenção. Uma vez um me procurou para conversar, contou sua história, que ouvi com atenção, depois retornou ao hotel.

Houve um treinamento de guerrilha, com o pelotão, tomamos conta da ponte liga a AMAN ao complexo esportivo, à escola municipal e dá passagem para o Batalhão. Recebi ordens para pegar um indivíduo, portador de uma informação importante; ele não poderia cair na mão do inimigo.

Peguei meu GC e fomos ao estádio. Tomamos alguns cuidados, pegamos o indivíduo e o levamos para o Comando Geral; lá também era a base inimiga, ficaram surpresos quando chegamos. No retorno, tomamos mais cuidados, não seguimos o caminho de ida, demos uma volta por trás do estádio e chegamos ao nosso local incólume. Missão cumprida com sucesso.

Outra vez, estava como sargento de dia, minha ronda era de meia-noite às duas. Fui para trás do pavilhão da 2ª Companhia, era um local ermo, com um matagal espesso; vi dois plantões juntos. Perguntei a um deles por que haviam deixado o local do seu plantão, e ele me disse que tinha ouvido barulhos na mata. Chamei sua atenção, pois não deveria ter feito aquilo. Ordenei para engatilhar a arma, e fomos para o local do barulho. Ele ouviu outra vez, pedi para me dar cobertura e fui ver o que era; dei de cara com uma vaca debulhando.

Num serviço que tirei como comandante da guarda no paiol, surgiu a informação de que elementos de esquerda atacariam o paiol. Ele era cercado de mata, um sentinela não via outro, os soldados estavam tão tensos que davam alto para curiangos, pássaros da noite. Quando fomos dormir, falei ao cabo que, se houvesse um auê, deveria sair com três pela janela dos fundos, eu sairia pela porta da frente, mas tudo correu bem. Pela manhã fui ver a saída da janela dos fundos e percebi que, se o ataque tivesse acontecido, o cabo e os três soldados ficariam presos no arame farpado que cercava o corpo da guarda.

Minha noiva estudava no Rio, no IBER, Instituto Batista de Educação Religiosa, fazia curso de música sacra, ela era de São Paulo, Bauru, eu ficava em Resende, nossos contatos eram escassos.

O médico, que a tratava de um problema estomacal, era General Médico da reserva. Certa vez a encontrou triste e perguntou o motivo, ela lhe contou que não tinha ninguém no Rio e sentia-se muito só. Disse também que eu estava em Resende e pouco nos víamos. Ele perguntou se ela queria que eu fosse transferido da AMAN para o Rio, e ela disse que sim. Então o general pediu meus dados, disse que era amigo do irmão do General comandante da AMAN e que falaria com ele.

Bem, o General era diretor da fábrica de munição em Realengo e não podia fazer nada por mim, mas fiquei entusiasmado, tomei coragem e fui ao Ministério do Exército, na Diretoria de Comunicações e Eletrônica. Lá encontrei o capitão, filho do general R.O, que se prontificou a falar com o General Sady, o qual concordou com minha petição e enviou para a AMAN meu pedido de transferência, que foi deferido.

Em agosto de 1968, fui transferido, porém ocorreu um problema, não havia vaga para mim na Diretoria de Comunicações. Pediram que eu fosse ao Parque, onde encontrei um velho amigo que vivia quebrando meus galhos, o Assumpção. Entreguei a ele o documento da minha transferência, ele disse que havia uma vaga e que ela seria minha.

Só que na minha vida as coisas se complicam um pouco.

No dia seguinte, o Assumpção me chamou na S1 e disse que não havia falado com o Coronel, o qual tinha prometido a vaga para um sargento da EsCom, Escola de Comunicações, mas queria me ver. Então, fomos ao gabinete do coronel.

Ele me olhou, vi que era o Tigre, Cel. Mendelssohn. Ele disse para o Assunção que me conhecia, que eu era bom sargento e que a vaga seria minha.

Falei para minha filha, a Denise, que ia escrever minhas lembranças, e ela disse que eu podia escrever, só não podia me emocionar, mas é muito difícil não me emocionar.

Capítulo XXV

Complexo Industrial de Benfica – seu apogeu e declínio

De volta ao nosso trem, em Triagem, temos, do lado direito, na rua Visconde de Niterói, a antiga fábrica da Kibon. Sua história começa na China, porém a guerra travada entre a China e o Japão, em 1938, forçou sua vinda para o Brasil. Seu nome inicial era U. S. Harkson do Brasil (iniciais do nome de seu proprietário Ulisses Harkson). Primeiramente situa-se na rua do Matoso no ano de 1941; os primeiros sorvetes foram o Eskibon e o Chicabon. Porém, com o crescimento da favela da Mangueira, próxima a Kibon, e o aumento da violência na região, a fábrica foi desativada, e suas instalações foram doadas para ser um Centro Comunitário, onde hoje funciona a Fundação de Apoio à Escola Técnica (Faetec).

Estamos em Triagem, junto ao bairro de Benfica, local que, num passado próximo, foi um ativo polo industrial. Havia as fábricas da Gillette, da CCPL, o depósito geral do Exército. Com o aumento e o crescimento das favelas, aumentou a violência do entorno, e esses estabelecimentos deixaram de existir. A Gillette, nem o muro existe mais; a CCPL e o depósito do Exército foram desativados, seguiram para outro lugar, dando lugar a condomínios; ficou apenas o SENAI e o HCE. Tenho desse hospital gratas lembranças; meus filhos e minhas duas netas nasceram ali; minha mãe fez cirurgia de catarata pelas mãos de um companheiro do Parque, antigo sargento. Na época, era coronel e chefe da Clínica Oftalmológica, Dr. Stravalis.

Sempre fui bem tratado nesse hospital, ali fui tratado por ter contraído uma bactéria e esta alojou-se na minha décima segunda vértebra deixando-me paraplégico, fui operado para implantação de ponte safena. Houve, infelizmente, a perda de minha esposa, que faleceu em decorrência de uma superbactéria. No mais, só tenho a agradecer aos médicos, enfermeiros e a todos os profissionais que ali labutam para salvar vidas.

XXV. 1 Bairro Benfica

"Benfica é um bairro de classe média, mas com a transferência do Distrito Federal em 1960 o bairro foi abandonado pelo poder público entrando em declínio.

Ainda existem sobrados do século XIX, da época em que a região era sede do poder político da cidade.

O Conjunto Residencial Prefeito Mendes de Moraes, conhecido pela imprensa especializada como "Conjunto do Pedregulho" ou mais popularmente como "Minhocão", é um ícone da arquitetura modernista brasileira. O projeto, de 1947, é do renomado arquiteto Affonso Eduardo Reidy, tendo recebido painéis assinados por Roberto Burle Marx e Cândido Portinari.

Também era localizada em Benfica a fábrica da Cooperativa Central dos Produtores de Leite, invadida há alguns anos e transformada em um cortiço. Em janeiro de 2012 a fábrica foi alvo do *Morar Carioca*: foi implodida para a construção de 688 unidades habitacionais. O bairro era apelidado como 'entrada do subúrbio carioca'" (Wikipédia\Benfica-Polo Industrial do Rio de Janeiro).

Capítulo XXVI

Bairro Manguinhos

O trem, após essas longas pausas, segue seu destino; passa sob o viaduto de Benfica e chega à estação de Manguinhos.

Lembro que, certo dia, o Rio de Janeiro foi atingido por um terrível temporal, que alagou boa parte da cidade, e Manguinhos foi um dos locais bastante afetados. Um ex-soldado, que era subordinado a mim, chamou-me para ver o que havia acontecido lá. Na época eu era amigo de um arquiteto que era candidato a vereador no Rio de Janeiro. Quando cheguei lá, o ex-soldado estava conversando com uma pessoa da Associação de Moradores do Bairro; mostrou-me o local, e eu fiquei chocado, estava tomado de lama. Algumas crianças brincavam no lamaçal, eu disse que elas estavam sujeitas a pegar uma série de doenças, mas me responderam que elas tinham anticorpos, que não ficariam doentes à toa.

Disseram-me, também, que um porco tinha se enroscado na rede do gol do campo de futebol e morrido. Quando saí, me convidaram para participar de um churrasco de costelinha de porco, sorte a minha que não consumo nada de derivado de porco.

"Rio - As histórias do Complexo de Manguinhos com a Fundação Oswaldo Cruz (Fiocruz) se confundem. Os primeiros moradores do conjunto de favelas da Zona Norte do Rio foram trabalhadores do então Instituto de Patologia Experimental de Manguinhos, no início do século XIX. Mas a relação entre a comunidade e um dos principais centros de pesquisa científica do país vai muito além. Isso sem falar no Pavilhão Mourisco ou Castelo de Manguinhos, um símbolo da fundação, que foi construído entre 1905 e 1906. A estrutura, projetada pelo arquiteto português Luiz Moraes Júnior, foi tombada pelo Instituto do Patrimônio Histórico e Artístico Nacional (Iphan) em 1981. Hoje, há a tentativa de que a construção se torne patrimônio da Unesco.

"Oswaldo Cruz chegava ali na ponta do castelo de barco. Aquela área era toda alagada, de manguezal", conta o professor, sobre o médico-sanitarista brasileiro pioneiro no estudo e na prevenção de doenças tropicais, que foi um dos primeiros diretores da instituição." (O Dia\História do Complexo de Manguinhos com a FIOCRUZ)

Capítulo XXVII

História do Bairro de Ramos

Chegamos a Ramos, onde se encontra a Escola de Samba Imperatriz Leopoldinense e, na perpendicular, a entrada do Complexo do Alemão.

Meu filho tocava guitarra e cavaquinho, era amigo de uns rapazes que, junto com seu pai, frequentavam o pavilhão da Escola de Samba. Eles reservaram umas mesas para curtir o ensaio e, certa vez, convidaram-me para participar do ensaio; fui, mas não era minha praia. Hoje o pai e os dois filhos são cristãos, um dos filhos é pastor da Igreja da Assembleia de Deus no Nordeste. Meu filho também é pastor, uma história que contarei quando falar de minha viagem a Buenos Aires.

"Ramos é um bairro da Zona da Leopoldina, na Zona Norte do município do Rio de Janeiro, no Brasil. Bairro carioca tradicional e um dos principais redutos do samba e chorinho carioca, faz limite com os bairros Olaria, ao norte, Complexo do Alemão, a oeste, Bonsucesso, ao sul, e Maré, que fica no outro lado da Avenida Brasil, a leste.

Região de antigos engenhos de açúcar, chácaras e olarias que remontam ao século XVIII, no século XIX também viveu o surto do café.

A região do atual bairro de Ramos pertencia à Fazenda do Engenho da Pedra (depois Fazenda N.S. de Bonsucesso), dentro da Sesmaria de Inhaúma. Ainda no século XVII, foram pioneiras as Estradas Velha do Engenho da Pedra e a Estrada Nova do Engenho da Pedra (atual Av. Teixeira de Castro), que davam acesso à região. Existiam outros caminhos que se comunicavam com o litoral, onde chegavam no "Cais de Pedra", uma enorme pedra junto a Praia do Apicú (atual Praia de Ramos).

Em 1868, com a inauguração da Estrada de Ferro Leopoldina, o capitão José Fonseca Ramos exigiu a construção de uma estação de trem em sua fazenda, uma vez que a ferrovia cruzava as suas terras. Essa iniciativa, que pretendia dar maior comodidade à sua família e agregados, fez nascer um dos mais tradicionais bairros do Rio de Janeiro.

A região ganhou um grande desenvolvimento quando foi urbanizada pelo engenheiro Joaquim Vieira Ferreira Sobrinho, que, por volta de 1910, fundou a Vila Gérson e a escola Gérson. Até hoje, vários logradouros ainda têm o nome dos parentes deste engenheiro, como a Rua Miguel Vieira Ferreira (seu pai), Rua Gerson Ferreira (seu filho) e a Rua Ruth Ferreira (sua esposa).

Já no século XX, Ramos foi um dos redutos da elite da chamada Zona Leopoldina. O Social Ramos Clube era frequentado por moradores ilustres e os convites para os seus salões eram disputados. Em 1938, o Cine Rosário era um dos maiores do Rio de Janeiro com seu projeto arquitetônico art déco.

Entre as agremiações carnavalescas do bairro, destaca-se a escola de samba Imperatriz, oito vezes campeã no carnaval carioca. O Grêmio Recreativo Cacique de Ramos, fundado em 1961, tem sede em Olaria. Ramos sempre se posicionou com enorme relevância no samba do Rio de Janeiro.

Grandes nomes da música brasileira ligam-se ao bairro como os dos compositores Pixinguinha, Villa-Lobos e, mais recentemente, Zeca Pagodinho e Almir Guineto.

Pixinguinha compôs o Hino de Ramos em 1965, para os festejos de 80 anos do bairro.

Villa-Lobos tornou-se assíduo frequentador ao conhecer a sua futura esposa durante uma visita a um amigo, músico, morador do bairro. Veio a ser, inclusive, um dos fundadores do bloco carnavalesco *Recreio de Ramos*.

Zeca Pagodinho e Almir Guineto ligam-se ao nome do Cacique de Ramos, que também é o berço de grupos como o Fundo de Quintal. Em 2009, a escola de samba Imperatriz, através do enredo "Imperatriz... Só quer mostrar que faz samba também" homenageou o bairro de Ramos na Marquês de Sapucaí.

Possui uma tradicional vizinhança capaz de contar histórias da época em que os morros eram propriedades privadas. Cortado pela linha férrea, o bairro possui uma praia eternizada no samba de Dicró, a *Praia de Ramos*. Até a década de 1970, início da década de 1980, ainda era utilizada pelos banhistas usuais, sendo a partir de então impraticável o uso, devido à péssima qualidade da água. Em 1994, com a definição dos limites geográficos do bairro da Maré, a Praia de Ramos passou a fazer parte deste novo bairro. Em 15 de Dezembro de 2001, durante o governo Garotinho, inaugurou-se nesta mesma praia o Piscinão de Ramos, que apesar de ter o nome de Ramos, baseia-se apenas na Praia homônima no bairro da Maré." (Wikipédia\Bairro Ramos)

Capítulo XXVIII

História do Bairro Bonsucesso

Nosso trem, com seu matraquear característico, lançando fumaça e fuligem, segue seu caminho, e chegamos à estação de Bonsucesso, um dos mais clássicos bairros da Zona Norte da cidade do Rio de Janeiro. Em Bonsucesso cabem memórias do mundo todo.

"Onde hoje fica Bonsucesso, ficava, no período colonial, o Engenho da Pedra, cujas terras se estendiam até ao porto de Inhaúma, por onde era escoada a produção agrícola e de açúcar do recôncavo do Rio de Janeiro.

A dona das terras do Engenho da Pedra era Cecília Vieira de Bonsucesso, por conta disso a região passou a ser chamada de "Engenho da Pedra de Bonsucesso".

'*D. Cecília Vieira de Bonsucesso possibilitou a reforma da capela de Santo António, que era cortada pelo Rio Faria. Este fato, que aconteceu em 1754, foi um marco para toda a região onde hoje em dia fica Bonsucesso*', frisa a pesquisadora Manoela da Silva.

Em 1914, Guilherme Maxwell, engenheiro, comprou terras na região de Bonsucesso. Sob influência das notícias sobre a primeira guerra mundial, Guilherme decidiu lotear as ruas com nomes de cidades de países que combatiam a Alemanha no conflito. Surgiram assim, respectivamente, a Praça das Nações e as avenidas Paris, Londres, Bruxelas, Roma e Nova Iorque.

Mais ou menos no mesmo período, um membro da família Frontin, expandiu o bairro, loteando a área além da linha férrea da Leopoldina. A influência da primeira Guerra Mundial seguia firme e forte. Vias com nomes como Clemenceau (Georges Clemenceau, primeiro-ministro francês durante a Primeira Guerra), Marechal Foch e General Galieni." (Wikipédia\Bairro Bonsucesso)

Em Bonsucesso está a Universidade Superior Unificada Augusto Motta-UNISUAM.

XXVIII. 1 Breve História da Primeira Igreja Batista de Bonsucesso

Na Av. Guilherme Maxwell, a Primeira Igreja Batista em Bonsucesso, fundada em 15 de março de 1916 pelo pastor João Fulgêncio Soren, com 41 membros cedidos pela PIBRJ. É considerada pela Convenção Batista Brasileira (CBB) uma das igrejas batistas mais antigas do Brasil e um polo irradiador na formação de outros templos na região, como a Igreja Batista de Olaria.

Capítulo XXIX

História do Bairro Olaria

Nosso trem segue em frente, passando pela estação de Olaria. Fui muito pouco a esse bairro, o fiz mais por passagem, quando visitava uns amigos no Complexo do Alemão.

"Olaria é um bairro da Zona da Leopoldina, sua origem populacional basicamente de imigrantes portugueses e em menor quantidade italianos, um lugar estritamente residencial.

Possui casas e prédios de bom padrão, também o estádio da Rua Bariri, que pertence ao Olaria Atlético Clube.

Está localizada, no bairro, a sede do Fórum Regional da Leopoldina, que, em 2011, inaugurou o seu novo prédio na rua Filomena Nunes, próximo ao estádio do Olaria.

A origem do nome Olaria deu-se em virtude dos senhores de engenho, que mantinham, no local, inúmeros desses fornos, sendo a primeira olaria construída em 1821 por iniciativa da família Ferreira, aproveitando a abundância de barro oriundo do Morro do Alemão, pertencente àquela época à dita família.

Olaria já foi lar de vários personagens ilustres, como Pixinguinha, Paulinho da Viola, Vanderlei Luxemburgo e a cantora Iza, entre outros." (Wikipédia\Bairro Olaria)

XXIX. 1 Histórico da Primeira Igreja Batista de Olaria

"Tudo começou com uma pequena congregação que funcionava na residência dos irmãos Arlindo e Francisca Araújo. Todos os espaços eram utilizados e divididos entre as organizações.

Em dezembro de 1947, por iniciativa da Primeira Igreja em Bonsucesso foi organizado o concílio para a Congregação em Olaria torna-se Igreja e foi empossado como presidente o Pr, Demétrio Coev. Em dezembro de 1949, o pr. Demétrio Coev deixa o ministério da igreja.

Com muito esforço e cooperação a igreja conseguiu comprar um imóvel que passou a servir como local de reuniões, e em agosto de 1955 o novo templo foi inaugurado tendo como orador ocasional o Pr. Manoel Avelino de Souza.

Sob a maestria do Pr. Darcy Ramiro lança-se a pedra fundamental e a edificação do atual edifício é iniciada em 1966, e em 1979 chega-se ao fim da construção do último andar.

Após 17 anos de trabalho reluzente, o pr. Darcy Ramiro faleceu no ano de 1982.

No ano em que a igreja comemorou suas bodas de diamante, 20 de dezembro de 2007, recebeu um novo obreiro, o Pr. João Tito Barbosa de Oliveira. Ao longo deste período Deus nos enviou copiosas bênçãos.

São profundas a gratidão aos pastores Demétrio Coev, Francisco Simas, Silas Silveira, Darcy Ramiro, Joel dos Santos Abreu (pastor emérito), Jésus Gonçalves, Carlos Alberto Feitosa e seus familiares.

Louvamos a Deus pelos irmãos Arlindo e Francisca Araújo e os demais irmãos fundadores." (Extraído do Site da Primeira Igreja Batista em Olaria)

Capítulo XXX

História do Bairro da Penha

Seguindo em frente, chegamos à Penha, belo bairro, onde fui poucas vezes, nunca subi a escadaria, que dizem ter 365 degraus esculpidos na pedra de acesso à Igreja.

"Inicialmente, a Penha possuía uma região praieira, próxima ao mangue do Saco do Viegas (na altura dos viadutos Lobo Júnior e Lusitânia). A região era chamada de 'MARIA ANGU', nome indígena de uma ave abundante no recôncavo da Baía de Guanabara. Nela surgiu o Porto de Maria Angu (em Olaria, no final da rua Pirangi), do qual partiam embarcações para o centro do Rio de Janeiro colonial. Boa parte do litoral da Penha era composto por um grande manguezal (principalmente na altura da Lobo Júnior até o mercado São Sebastião), até que ocorreram os grandes e sucessivos aterros, intensificados no final da década de 1950 e começo dos anos 60. Hoje, a região praieira da Penha pertence à Marinha do Brasil, e a região da Praia da Moreninha e comunidade de pescadores (hoje este mesmo local é conhecido como favela da Kelson's ou favela da moreninha) pertencem à Penha Circular.

A construção do templo data de 1635, pelo capitão Baltasar de Abreu Cardoso, senhor abastado (homem influente da cidade), proprietário de uma grande quinta dentro da qual se achava o penhasco. Suas terras, segundo indica Vivaldo Coaracy em sua obra 'O Rio de Janeiro no século 17'.

No final do Século XIX, a chamada Linha do Norte da Estrada de Ferro Leopoldina chegou a Penha.

No dia 22 de julho de 1919, o bairro da Penha foi emancipado da Freguesia de Irajá, a partir do Decreto nº 1376.

Em 1920, do lado oposto à Igreja, foi implantado o Curtume Carioca, que com seu apito característico, chamava à obrigação do trabalho, uma indústria de curtumes, peles e comércio de couros e similares, com construção em estilo Art nouveau. Marcando o caminho da Estação Ferroviária até a sua porta, foram plantadas Palmeiras Imperiais.

O Hospital Estadual Getúlio Vargas, fundado em 3 de dezembro de 1938, e o Parque Ary Barroso se encontram em um terreno doado pela família do pioneiro Lobo Júnior, conhecido como Chácara das Palmeiras.

Reconhecido seu valor histórico e cultural para a Cidade, no mês de junho de 1990, a Igreja da Penha foi tombada mediante o Decreto Municipal nº 9413 de 1990. O término da história do Curtume Carioca ocorreu em 1998, quando foi decretada sua falência.

O bairro conta com a Área de Proteção Ambiental da **Fazendinha da Penha,** uma unidade de conservação destinada a proteger e conservar a qualidade ambiental, próxima ao IAPI da Penha. Trata-se de um espaço verde de 150 quilômetros quadrados, mantido pela Sociedade Nacional de Agricultura, muito utilizado pela população local para práticas esportivas e passeios escolares. Uma parte do lugar é ocupado pela Universidade Castelo Branco, oferecendo cursos de graduação na área da Ciências da Saúde e do Meio Ambiente." (Wikipédia\Bairro da Penha)

XXX. 1 História da Primeira Igreja Batista da Penha

"Em **15 de janeiro de 1924** foi organizada a Primeira Igreja Batista na Penha (PIB-Penha) com 25 membros, na Rua Canadá nº 270, hoje, R. Conde de Agrolongo, fruto da visão missionária da Igreja Batista em Laranjeiras – RJ. Quando ainda era Congregação, foi criada a Escola Bíblica Dominical e Sociedade de Senhoras (MCA) em 17/08/1923.

Ao longo de sua história, seis pastores se dispuseram nas mãos de Deus para o exercício do Ministério nesta igreja, cada um deles com seu estilo e métodos próprios, mas todos com o propósito de serem instrumentos nas mãos de Deus para o crescimento e expansão do seu Reino na Penha. Foram eles: **Pr. Florentino Rodrigues da Silva** – 15/01/1924 a 20/10/1934; **Pr. Carlos Rodrigues da Silva** – 04/04/1935 a 14/11/1964; **Pr. Osvaldo Ronis** – 08/05/1965 a 25/07/1981; **Pr. Joel Félix da Silva** – 25/07/1981 a 22/12/1996; **Pr. Valdo Fonseca de Oliveira** – 25/10/1997 a 31/01/2008; **Pr. Edimar Guimarães Pereira** – 20/03/2010 a 03/01/2015 e **Pr. Vitor Hugo Mendes de Sá** – 03/01/2015 e em exercício.

Durante esses **96 Anos**, muitos obreiros valorosos por aqui passaram; homens e mulheres de Deus, que sustentaram a obra, servindo com prontidão, zelo e amor pelas almas perdidas, atuando em Pontos de Pregação, Congregações, a culminar com a organização da Igreja Batista em Brás de Pina, Igreja Batista no Grotão, Igreja Batista em Pinheiral e Igreja Batista em Santa Cruz da Serra, todas no Rio de Janeiro, constituindo legado glorioso, como exemplo a seguir." (Extraído do Site da Primeira Igreja Batista da Penha)

O bairro Penha Circular é considerado uma extensão do bairro da Penha na cidade do Rio de Janeiro. Recebe esse nome, pois, quando ainda havia trens Maria Fumaça, eles utilizavam de uma linha circular que havia no local da atual estação para manobrar as locomotivas. Essa pequena estação dá acesso ao Hospital Estadual Getúlio Vargas, ao Hospital Mário Kroeff, à fábrica da marca DeMillus e ao Parque Ary Barroso, onde fica a Arena Carioca Dicró. A estação se localiza entre a estação Penha e a estação Brás de Pina.

Capítulo XXXI

História do Bairro Brás de Pina

A linda e altaneira locomotiva, que conduz nosso trem bravamente, parece saber de sua imponência; solta fumaça, apita, toca o sino e alegremente segue em frente. Passa por Brás de Pina, conhecido como reduto cultural da cidade do Rio de Janeiro, a "Princesinha da Leopoldina".

"O nome Brás de Pina vem de um antigo empresário português, que ali mantinha um engenho de açúcar. Era conhecido como latifundiário, comerciante que vivia da pesca da baleia no século XVIII. Na região de sua propriedade, existia uma estrada, hoje conhecida como Estrada do Porto Velho, de onde partiam suas embarcações. Na época, o comércio da baleia era uma atividade muito próspera, pois, além da carne, era aproveitado o óleo do animal na iluminação dos lampiões de rua e na argamassa nas construções das casas.

No início do século XX, essas terras se tornaram fazendas pertencentes às tradicionais famílias: Gama, Ene e Lobo. A Companhia Imobiliária Kosmos adquiriu parte dessas terras, loteou e construiu um bairro modelo que se chamou Vila Guanabara, ou Brás de Pina, como se tornou conhecido por causa da estação da estrada de ferro. O projeto foi inspirado no projeto inglês das "cidades jardins", quando o prefeito Pereira Passos contratou urbanistas para planejar a descentralização da cidade.

Vila Guanabara, ou Brás de Pina, destacava-se pela beleza e harmonia de seu traçado urbano. Bairro-modelo, suas ruas calçadas de paralelepípedos foram arborizadas com eucaliptos, flamboyants, ipês e sapucaias. As casas foram construídas em estilo neocolonial, na maioria, bangalôs ou inglês, como na construção do conhecido "castelinho".

"O jornal *A Noite*, um dos mais importantes da época, noticiava numa reportagem: Brás de Pina parece ter sido feita de um pedaço de Ipanema ou do Leblon. O mesmo aspecto, as mesmas linhas. É um bairro digno de ser visitado e conhecido'. Numa declaração de Herbert Moses, presidente da Associação Brasileira de Imprensa (ABI) da época: 'Brás de Pina é, sem favor nenhum, o nosso mais aprazível bairro jardim'". (Wikipédia\Bairro Brás de Pina)

XXXI. 1 História da Primeira Igreja Batista de Brás da Pina

Nossa história começa nesse "aprazível bairro jardim" nasceu a Primeira Igreja Batista em Brás de Pina.

"Aos vinte dias de janeiro de 1945, às 20 horas, na Praça Anhangá, 107, após o culto da então congregação da Igreja Evangélica Batista na Penha, dirigido pelo pastor Francisco Medeiros Lima, e apresentação comentada do Pacto das Igrejas Batistas pelo pastor Ageu Netto, o pastor Rodrigues da Silva declara em ordem a organização da nova igreja – abre a Bíblia e lê no livro de Tito capítulo 1: 5, fazendo breve comentário.

Logo após foi lida a carta da Igreja Evangélica Batista na Penha onde constavam os nomes dos irmãos que fariam parte da organização da nova igreja e seriam arrolados como membros fundadores: Emanuel Rodrigues Netto, Manoel Siqueira, Maria Luíza da Conceição, Izidoro Júlio dos Santos, Francisco Duarte Carneiro, Antônio Mattos da Cruz, Jeziel Vilaça Lima, Eliel Vilaça Lima, Matias Ferreira Duarte, Esmeralda Pimentel Junqueira, Francisca Ferreira Duarte, Rozinda Lobo Cardoso, Izaias Ferreira de Souza, Alice Vilaça Lima, Herminha Vilaça Lima, Maria Mendes, Ana Xavier, Maria Veloso, Jandira de Souza Guerra, América da Silva e Pedro Homes.

Em seguida, todos de pé em Ato de Organização ouviram do pastor Carlos Rodrigues da Silva, autorizado pela Igreja Evangélica Batista na Penha, declarar organizada, em nome de Deus, a nova igreja e, em seguida, o pastor Ageu Netto fez a oração consagratória pedindo as bênçãos de Deus sobre a nova igreja.

A Deus toda glória, honra e louvor!" (Facebook-Primeira Igreja Batista de Brás de Pina)

Continuando em nossa viagem, chegamos em Cordovil.

Capítulo XXXII

História do Bairro de Cordovil

"Cordovil está situado em terras que pertenceram no século XVII, ao Provedor da Fazenda Real Bartolomeu de Siqueira Cordovil, natural de Alvito, Évora, Portugal que posteriormente foi transformado no Engenho do Provedor da Fazenda Real, Francisco Cordovil de Siqueira e Mello, filho de Bartolomeu.

Em 1902, foi vendido pelos remanescentes da família para o Visconde de Moraes, que o loteou em 1912.

A fazenda original pertencia à freguesia de Irajá. O aniversário de fundação de Cordovil é em 5 de outubro, já que foi neste dia, em 1910, que ocorreu a inauguração da estação ferroviária do bairro. O aniversário foi estabelecido recentemente pelo projeto de lei nº 989/2002.

Poucos sabem, mas Cordovil é o primeiro bairro da capital a ser banhado pelas águas da Baía de Guanabara.

Ao final da rua Porto Baião, próximo à Linha Vermelha e ao Parque das Missões, há um matagal que vai terminar na foz do Rio Meriti, que delimita o começo da capital. Infelizmente tal área não é própria para o banho, mas antigamente, então mais limpa, as pessoas da região administrativa de Vigário Geral: Vigário Geral, Jardim América e Parada de Lucas faziam uso deste local". (Wikipédia\Cordovil).

XXVII.1 História da Primeira Igreja Batista em Cordovil

"Nos idos da segunda grande guerra mundial, João Candido dos Santos e Maria Pereira dos Santos, imigrantes da Bahia, pais de Talita Santos Bigó (membro fundadora da igreja), chegam ao Rio de Janeiro, no bairro de São Cristóvão. João Cândido encontra-se com Virgílio César, seu amigo da Bahia que morava em Cordovil. Ao convite de Virgílio, Cândido e Maria vieram morar em nosso bairro.

A família piloto e Virgílio começaram a reunir-se, à moda batista, no quintal da irmã Judite Nagibe e de Teobaldo, debaixo de uma frondosa árvore, na Rua Antônio João, também em Cordovil. Assim, iniciou-se o primeiro trabalho batista na região. Fundada com 34 membros, dos quais, 33 já estão no céu e a irmã Talita ainda entre nós pela misericórdia de Deus.

Como a igreja vinha crescendo, buscaram e encontraram acolhimento pela IGREJA BATISTA DO CALVÁRIO, e, no ministério do então Pastor Sebastião Angélico de Souza, a IGREJA BATISTA EM CORDOVIL foi plantada, em 23/03/1946. Depois, chegou até aqui, na Rua Barão de Melgaço, n° 300, onde foi erguido o seu templo maior, iniciado pelo Pastor Jonas Lisboa e concluído pelo Pastor Roberto Santos.

A igreja contou com 08 Pastores titulares e 04 Pastores interinos, incluindo seu atual: 1.Pr. Sebastião Angélico de Souza; 2.Pr. Inácio Pinheiro Nunes; 3.Pr. Manoel Leal (interino); 4.Pr. Altamiro Alferino de Oliveira; 5.Pr. Jonas de Carvalho Lisboa; 6.Pr. Sebastião Ferreira (interino); 7.Pr. Roberto da Silva Santos; 8.Pr. Jonas Celestino Ribeiro; 9.Pr. Marcos da Silva Ferreira; 10.Pr. Giovani Caroni (interino); 11.Pr. Marcelo Lopes de Medeiros (interino) e 12.Pr. Marcelo Lopes de Medeiros

Contou com 3 templos: o primeiro na rua Antônio João, no ministério do Pastor Sebastião Souza, o segundo, no ministério do Pastor Altamiro, hoje o Salão Nobre Gezio Barreto, e o terceiro e atual, no Ministério do Pr. Jonas Lisboa. Falta-nos espaço neste

esboço memorial, para mencionar todas as lutas e vitórias da atual PRIMEIRA IGREJA BATISTA EM CORDOVIL, mas, a DEUS TODA HONRA, TODA GLÓRIA E TODO LOUVOR. SOLI DEO GLORIA."
(Facebook\Primeira Igreja Batista de Cordovil)

    Vamos seguindo em frente! As histórias dos bairros e das Igrejas Batistas, ao longo de nosso trajeto, são fascinantes, estamos passando pela estação e pelo bairro Parada de Lucas.

Capítulo XXXIII

História de Parada de Lucas

"Em 1931, quando a comunidade de Parada de Lucas começou a se formar, só existia um lugar onde obter água limpa. Era conhecida como Três Bicas e até hoje tem esse nome. Muitas pessoas atravessavam a Avenida Brasil para buscar água lá e trazê-la até suas casas.

O nome do bairro origina-se da fusão entre o prenome de um proprietário de terras da região - Lucas - com a existência de uma estação de trem, lá inaugurada em 1949. Não se sabe exatamente como e quando o imigrante português José Lucas de Almeida, "o Lucas", foi parar naquela região que fazia parte das sesmarias do Irajá.

Com a construção da nova ferrovia que ligaria o Centro do antigo estado da Guanabara até a Raiz da Serra, apareceu o nome do bairro atual, quando José Lucas de Almeida pediu para fazerem uma paragem em suas terras para que os pequenos proprietários da região pudessem escoar suas mercadorias. Daí, veio o nome "Parada do Lucas", local onde uma pequena cobertura em madeira servia de apeadeiro. Logo a seguir, veio a estação de trem que existe até os dias de hoje.

A casa do Lucas estava situada onde é hoje a Empresa de Ônibus Caprichosa, onde existia uma grande plantação de couves portuguesas, segundo relatam os moradores mais antigos do bairro.

Por ser católico, ele construiu uma capela com o nome da santa de sua devoção e aquela localidade do bairro ficou conhecida até hoje pelos mais antigos como o "Morro da Capela", onde também existia uma escola primária e uma escola de samba, a "Unidos da Capela", campeã do carnaval do Rio de Janeiro em 1950 e 1960. Com a fusão da escola de samba Unidos da Capela (na atual Rua Itapuva) com os Aprendizes de Lucas, nasceu o Grêmio Recreativo Escola de Samba Unidos de Lucas.

Com o desmembramento das terras, surgiu o bairro, povoado por pessoas que vinham da Zona Sul e Centro do Rio, pessoas do interior do Estado do Rio, mais tarde por muitos nordestinos. Mas, na origem, podiam-se encontrar muitos portugueses, afro-brasileiros descendentes quase diretos dos escravos africanos (daí os cultos afros no bairro e o samba), até mesmo muitos judeus e pessoas do Oriente Médio.

A favela ou comunidade de Parada nasceu de um projeto da Igreja Católica chamado Cruzada São Sebastião: algumas casas foram construídas, mas, depois, o projeto foi abandonado e o dinheiro desapareceu, e, assim, deu-se origem à ocupação da área que continua ocupada até hoje.

Adolfo Bloch trouxe um tempo muito próspero para o bairro com a implantação da gráfica da Bloch Editores, que já foi a maior gráfica da América Latina.

Pessoas ilustres como o presidente Juscelino Kubitschek, o médico Christian Barnard e muitos outros famosos visitaram o bairro por causa da gráfica.

O bairro foi homenageado pelo cantor Ed Motta, logo em seu primeiro disco, quando ainda fazia parte da banda Conexão Japeri, em 1988. A música tem como título o próprio nome do bairro, 'Parada de Lucas'". (Wikipédia\Bairro Parada de Lucas)

Capítulo XXXIV

História do Município Duque de Caxias

Em nossa deslumbrante, fantástica e inesquecível viagem a Rio Dourado, saímos de Parada de Lucas e adentramos em Duque de Caxias.

"Um município brasileiro do estado do Rio de Janeiro, Região Sudeste do país. Localiza-se na Baixada Fluminense, na Região Metropolitana do Rio de Janeiro, estando situado a 16 km da capital estadual.

Tornou-se município no ano de 1943, após emancipação da cidade de Nova Iguaçu.

O nome da cidade homenageia o patrono do Exército Brasileiro, Luís Alves de Lima e Silva, o Duque de Caxias, também chamado de *O Pacificador*, nascido na região em 1803

O povoamento da região data do século XVI, quando foram doadas sesmarias da capitania do Rio de Janeiro.

Em 1568, Brás Cubas, provedor das capitanias de São Vicente e Santo Amaro, recebeu, em doação de sesmaria, 3.000 braças de terras de testada para o mar e 9.000 braças de terras de fundo para o Rio Meriti, ou, mais propriamente, *Miriti*, cortando o piaçava da aldeia Jacutinga.

Outro dos agraciados foi Cristóvão Monteiro, que recebeu terras às margens do Rio Iguaçu. A atividade econômica que ensejou a ocupação do local foi a de cultivo da cana-de-açúcar. O milho, o feijão e o arroz tornaram-se também importantes produtos auxiliares durante esse período.

A região tornou-se importante ponto de passagem das riquezas vindas do interior: o ouro das Minas Gerais, descoberto no momento de crise da lavoura açucareira e o café do Vale do Paraíba Fluminense, que representou cerca de setenta por cento de toda a economia brasileira nessa época.

Com a abolição da escravidão em 1888, aconteceram várias transformações na vida econômica e social da Baixada Fluminense.

Com a inauguração da *The Rio de Janeiro Northern Railway*, em 23 de abril de 1886, a região ficou definitivamente ligada ao antigo Distrito Federal.

Com a inauguração de novas estações, em 1911, pela Estrada de Ferro Leopoldina, multiplicaram-se as viagens, bem como o número de passageiros em Gramacho, São Bento, Actura (Campos Elísios), Primavera e Saracuruna.

No início do século XX, as terras da baixada serviam para aliviar as pressões demográficas da cidade do Rio de Janeiro.

Apenas em 1924, instalou-se a primeira rede elétrica no município.

Em 31 de dezembro de 1943, através do Decreto-lei 1.055, elevou-se à categoria município, recebendo o nome de Duque de Caxias." (Wikipédia\Bairro e Município de Duque de Caxias)

XXXIV. 1 História da Primeira Igreja Batista de Duque de Caxias

"Em 04 de março de 1934 alguns irmãos decidiram alugar uma casa na Av. Itatiaia 81 com a finalidade de torná-la em congregação, eram em bom número de Crentes.

Depois com o crescimento dos irmãos, eram 25 no total, reuniram-se e escolheram o irmão Arlindo Baptista para ir à Primeira

Igreja Batista de Niterói no sentido de solicitar orientação ao Pastor Manoel Avelino de Souza, isso no dia 22 de março do mesmo ano, ele muito ajudou a congregação.

Como a maioria dos irmãos pertencia à Primeira Igreja Batista em Bonsucesso, na ocasião Distrito Federal, assumiu a responsabilidade da Congregação.

No dia 27 de setembro de 1934, às 20:00 horas, com a presença de 20 irmãos membros de diversas igrejas batistas trouxeram as suas credenciais a fim de fazerem parte do concílio para a organização da nova igreja.

Pr. Francisco Nascimento fez a leitura do Pacto das Igrejas Batistas, para a igreja que se organizava.

Após a leitura, o Dr. Backer fez uma fervorosa oração a Deus e o Presidente declarou a igreja oficialmente organizada A Igreja Evangélica Batista de Duque de Caxias.

Em 1935 recebemos pela primeira vez a visita do Pr. Dr. A. R. Cabtree, como orador do primeiro aniversário.

O seu primeiro templo foi na Av. Itatiaia, 81, o segundo foi na Av. Itatiaia, 75, o terceiro na Av. Itatiaia, 10. Dali saiu para a Av. Nilo Peçanha, 333, onde permanece, ocupando também a R. Deputado Soares Filho, 218." (Extraído do Site da PIBDC)

Seguindo em frente, antes de atravessar a Rodovia Washington Luiz, indo em direção à Estação ferroviária de Campos Elísios, vamos conhecer Gramacho e Xerém. Gramacho não conheço muito, só de passagem.

"**Gramacho** é um bairro do município de Duque de Caxias, no estado do Rio de Janeiro, no Brasil.

O nome do bairro deriva de uma homenagem feita ao capitão João Pereira Lima Gramacho, que havia sido dono de terras naquela região no século XVIII.

O capitão era português e cultivava cana-de-açúcar em sua fazenda, contava ainda com um pequeno porto no Rio Sarapuí para escoar sua produção até o Rio de Janeiro pela Baía da Guanabara. Em 1944, a Estação Sarapuí foi rebatizada como 'Estação Gramacho'.

No município de Duque de Caxias, existe um bairro chamado Jardim Gramacho, local famoso por ter abrigado, até junho de 2012, o aterro sanitário de Gramacho, que chegou a ser o maior aterro sanitário da América Latina.

Frequentemente, confundem-se os nomes dos dois bairros. Na verdade, **são bairros distintos e localizados inclusive longe um do outro:** enquanto o bairro Jardim Gramacho fica às margens da Rodovia Washington Luís (BR-040), o bairro de Gramacho fica às margens da Avenida Presidente Kennedy e é cortado pelo Rio Sarapuí (que faz a divisão entre o primeiro e o segundo distritos)." (Wikipédia\Bairro Gramacho)

XXXIV. 2 História do Bairro Xerém/Duque de Caxias

Estive neste bairro em ocasiões de festas realizadas pela Fábrica Nacional de Motores, os famosos FeNeMê (FNM).

"**Xerém** é o 4º distrito do município de Duque de Caxias, no estado do Rio de Janeiro, no Brasil. Localiza-se ao pé da Serra de Petrópolis.

O distrito de Xerém é nacionalmente conhecido por abrigar o campus tecnológico do INMETRO e o parque industrial da extinta Fábrica Nacional de Motores (FNM), a qual pertence atualmente à Marcopolo Ciferal.

Parte da Reserva Biológica Federal do Tinguá se encontra em Xerém.

O Arco Metropolitano do Rio de Janeiro passa por Xerém, pelo mesmo caminho da Estrada do Rio D'Ouro.

Xerém é uma localidade municipal de Duque de Caxias.

Existem duas hipóteses etimológicas para a origem do nome do distrito:

Provém de 'xerém', o nome de um prato comum na culinária nordestina, feito de grãos de milho seco quebrados no pilão e cozidos na água e sal. O prato é originário de Portugal, onde pode ser conhecido também como 'xarém'.

Outra hipótese etimológica para a origem do nome remete ao comerciante inglês John Charing, que, no século 17, possuía barcos que faziam a ligação entre o porto do Rio de Janeiro, o porto do Pilar e o atual município de Petrópolis.

Segundo essa hipótese, o antropônimo 'Charing' teria sido convertido pela população no atual topônimo 'Xerém'.

Período colonial

A localidade que é hoje conhecida como Xerém estava na passagem do Caminho de Garcia Paes para ligar as serras do ouro até o porto no Rio de Janeiro, isso no século XVIII.

São poucas as informações acerca da região antes, mas como resquícios desse passado ainda existem as ruínas da Capela de Santa Rita da Posse, fundada em 1766.

Fins do Império e República

No final da Segunda Guerra Mundial (1939-1945), o distrito ficou famoso nacionalmente por abrigar uma fábrica de revisão de motores de avião. Logo em seguida, porém, a fábrica passou a fabricar caminhões da marca italiana Alfa Romeo. Nos anos 1970, a fábrica foi vendida para a Fiat, que veio a desativá-la". (Extraído da Wikipédia\Xerém)

XXXIV. 3 Campos Elíseos e Jardim Primavera

Voltamos a Duque de Caxias, ao nosso trem. Passamos por Campo Elísios, não conheço pessoalmente o bairro, só de passagem. Lembro-me da viagem a Rio Dourado, de ter visto, no pátio de estacionamento ferroviário da Petrobras, vários vagões tanques de transporte de petróleo.

"**Campos Elíseos** é um bairro do distrito de Duque de Caxias. Nele, estão localizadas a REDUC e outras empresas petroquímicas.

O bairro é considerado um polo comercial em ascensão na região. (Wikipédia\Campos Elísios)

Seguimos para um outro bairro que também não conhecemos, Jardim Primavera – bairro situado no distrito de Campos Elíseos em Duque de Caxias – apresenta-nos uma história riquíssima.

Seu povoamento provém do século XVI, época das sesmarias doadas à Capitania do Rio de Janeiro. Em 1568, Cristóvão Monteiro, um dos grandes provedores de fazendas da região, recebeu algumas terras às margens do Rio Iguaçu. Parte delas daria origem a Duque de Caxias.

De início, a agricultura foi a principal atividade econômica do lugar.

Com a chegada da estrada de ferro à região, trouxe novas perspectivas para a política e a economia local.

O certo é que ao redor das estações ferroviárias começaram a se formar grandes povoados, por diversos fatores, dando origem, no caso específico da Baixada Fluminense, a vários bairros.

O atual bairro de Jardim Primavera, em seus primórdios, era parte integrante de uma grande fazenda a de Luís Ferreira, que seguia os moldes das culturas da época, passando por canaviais, laranjais e uma pequena parte de plantação de subsistência, demonstrando, assim, a função rural da região na época.

Em um segundo momento essa fazenda passa por um grande loteamento, e é dividida em diversas partes, dando origem a alguns bairros do 2º distrito de Duque de Caxias (Campos Elíseos), como Saracuruna, Campos Elíseos, além do próprio Jardim Primavera, entre outros.

O loteamento que deu origem ao bairro foi adquirido pelo Sr. Nelson da Silveira Cintra, em 27 de dezembro de 1945, época na qual Duque de Caxias já havia se emancipado, mas ainda não possuía um aparelho de Estado com prefeito e vereadores." (Wikipédia\Jardim Primavera)

Capítulo XXXV

Um pouco da História de Saracuruna

Seguimos para outro lugar que muito conheço. Participamos de um maravilhoso culto, do qual fui o orador principal, no Clube Rosário, houve participações de cantores, solo, dupla, trio, quarteto e coral, com significativa conversão dos participantes ao evangelho de Jesus Cristo. A Ele toda glória!

Nessa época eu tinha um horário na Rádio Boas Novas, em Vila da Penha. O programa se chamava "Revivendo", inicialmente o fazia com um companheiro de quartel, seminarista, depois passei a fazê-lo sozinho.

Quando minha filha Denise fez 15 anos, aluguei o salão da Rádio Boas Novas e ali comemoramos seu aniversário. Convidamos todas as meninas ouvintes que estavam fazendo 15 anos para participar do culto. Nerias, minha esposa, foi a responsável pela programação, e tivemos a presença das cantoras Cassiane e Andreia Fontes, que estavam iniciando o Ministério de Louvor Gospel. O culto foi transmitido pela rádio para todo o Brasil.

"Saracuruna" é um termo de origem tupi que significa 'saracura preta', através da junção dos termos *sara'kura* (saracura) e *una* (preto).

O bairro começou a ser ocupado por volta de 1947 quando os irmãos Jayme e Joseph Fichman, compraram a Fazenda Rosário (que havia tido enormes plantações de laranjas) de Francisco Vieira Neto e passaram a vender lotes. Porém já existia no local uma estação de trem, que foi fundada em 24 de abril de 1888.

Em Saracuruna existe uma Antiga Capela de Nossa Senhora do Rosário, esta construção é da data de 1730.

É o segundo bairro mais populoso da cidade de Duque de Caxias; abriga a última estação de trem do ramal do mesmo nome, além de iniciar os ramais Vila Inhomirim e Guapimirim, da própria SuperVia." (Wikipédia\Saracuruna)

Capítulo XXXVI

Diretoria administrativa do Clube dos Subtenentes e Sargento do Exército/no Rocha

Vamos deixar nosso trem em Saracura para irmos até Imbariê, do outro lado da estrada Rio Magé. Nesse bairro auxiliei um orfanato e asilo por algum tempo, depois, a convite do presidente do Clube de Subtenente e Sargento do Exército, com um companheiro, assumi a direção administrativa da Sede Campestre em Parada Angélica; ele como diretor, e eu como vice. Fizemos um bom trabalho e implantamos um programa de *day use*, ou seja, por uma pequena taxa, os moradores poderiam usar as instalações da sede, como campo de futebol, piscinas, pedalinhos no lago e churrasqueiras. Nosso trabalho deu tão certo que fomos convidados a assumir a administração da sede principal. Um tempo depois, o companheiro que tinha assumido comigo renunciou, e eu assumi a direção administrativa, sob a qual estavam dois bares, dois restaurantes e o salão de festas, onde eram realizados todos os eventos sociais, além da churrasqueira e da quadra de esportes, onde eram realizados eventos de congraçamentos entre os sócios e show de artistas convidados. Consegui, com a graça de Deus, fazer um excelente trabalho, tenho a consciência tranquila e a satisfação de ter feito tudo dentro do padrão da honestidade com a alegria do dever cumprido.

Como em tudo há um tempo a cumprir, saí por troca da diretoria geral, após eleição.

Capítulo XXXVII

Estação ferroviária Mauá

Voltamos a Saracuruna, nosso trem continua margeando a Baía de Guanabara até a Estação Porto de Mauá, a primeira estação ferroviária do Brasil, que deu origem a toda malha ferroviária que temos atualmente.

"Isso se deu em 30 de abril de 1854 quando a primeira locomotiva a vapor, a Baronesa, percorreu em pouco mais de 23 minutos o trecho de 14,5 Km entre o porto de Mauá, no fim da Baía da Guanabara e a localidade de Fragoso, inaugurando a Estrada de Ferro Mauá, a primeira do país. A viagem inaugural contou com a presença ilustre do imperador do Brasil, Dom Pedro II." (Wikipédia\ Início da ferrovia no Brasil).

Na praia de Mauá, adjacente à estação do trem, fui, a convite do Itinha, visitar a família de sua então esposa, a Sandra, mãe de meus sobrinhos Solimar e Itamar Marcelo. Na época minha filha era de colo.

Capítulo XXXVIII

História do Município de Magé

O trem segue em frente com grande brilho e imponência. Passamos pela estação Suruí e atravessamos a rodovia Rio Magé.

"**Suruí** é um bairro do município de Magé, no estado do Rio de Janeiro, no Brasil. É a sede e o bairro mais importante do distrito.

'Suruí' é um termo de origem tupi que significa 'rio dos siris', pela junção dos termos *siri* (siri) e *'y* (rio)." (Wikipédia).

Seguimos para Magé, não conheço a localidade, nem de passagem do trem. São muitas estações, não tínhamos direito de saltarmos nelas. Porém, as estradas Rio-Magé e Rio-Manilha passam ao largo e viajei várias vezes por elas. Certa vez nosso grupo de campismo se reuniu em Iriri, mas não me foi possível, pois eu estava acamado em recuperação de uma cirurgia.

"**Magé** é um município da Baixada Fluminense, situado na Região Metropolitana do Rio de Janeiro.

Seu ponto turístico mais famoso é a 1ª Estrada de Ferro do Brasil, construída em 1854 (No antigo Município de Estrela) por Irineu Evangelista de Souza, o Barão e depois Visconde de Mauá. Em 1892 (Com a extinção do município de Estrela) a 1º Ferrovia do Brasil passou a integrar o território Mageense.

Por volta do ano 1000, os índios tapuias que habitavam a região foram expulsos para o interior do continente devido à chegada de povos tupis procedentes da Amazônia. Quando os primeiros colonizadores portugueses chegaram à região, no século XVI, a mesma era ocupada pela tribo tupi dos tupinambás, também conhecidos como tamoios.

O atual município tem origem no povoado de Magepe Mirim, fundado em 1566 por colonos portugueses. Possuía um dos principais portos da região, onde muitos navios negreiros descarregavam escravos.

Em 1696, foi criada a freguesia de Magé. Em 1789, Magé foi convertida em vila pelo Vice-Rei do Brasil, Dom Luís de Vasconcelos e Sousa. A vila foi elevada a cidade em 1857. Durante a monarquia, foi criado o baronato de Magé em 1810. Este foi elevado a viscondado em 1811.

Elevado à categoria de vila com a denominação de Magé, por força do ato de 9 de junho de 1789, o seu território foi constituído com terras desmembradas do município de Santana de Macacu e da cidade do Rio de Janeiro, inclusive ilhas do pequeno arquipélago de Paquetá. Era constituído de cinco distritos: Magé, Guapimirim, Suruí, Inhomirim e Guia de Pacobaíba. Foi instalado em 12 de junho de 1789.

A Lei Estadual nº 1.772, de 21 de dezembro de 1990, desmembrou, do município de Magé, o distrito de Guapimirim, o qual foi elevado à categoria de município." (Wikipédia).

Capítulo XXXIX

História do Município de Itaboraí

De Magé, seguimos em direção a Itaboraí, de onde tenho gratas lembranças.

A primeira é de quando a Caixa Econômica colocou várias casas em leilão, e eu me interessei por uma no município de Itaboraí. Dei o sinal em dinheiro, comecei a solucionar a relação dos papéis, senti vontade de conhecer a casa e fui até lá, onde tive uma grande decepção. A casa estava ocupada, eu teria que exigir a posse, era responsabilidade minha, a Caixa apenas me daria o direito de possuí-la, em troca de um parcelamento na compra. Não me senti seguro e desisti da compra. Mais tarde a Caixa converteu o sinal dado em poupança no meu nome.

A segunda lembrança é de quando fui ao município para uma exposição da Sociedade Bíblica Brasileira (SBB), em comemoração ao aniversário da Reforma Protestante.

"É por isto e por muito mais, é porque foi meu berço, e berço daqueles a quem mais amei e amo, é porque no seu seio tenho sepulturas queridas, é porque me guarda em seus lares amigos dedicados, é porque desejo ter em seus campos um abrigo na minha velhice que começa, e no seu cemitério um leito para dormir o último sono, é enfim por todos esses laços da vida e da morte que a Vila de Itaboraí me é tão querida. *Joaquim Manoel de Macedo, O Rio do Quarto, 1869 _ Cap 01: Para se ler ou não ler.*

Escritor Itaboraiense, maior romancista do século XIX, autor do clássico "A Moreninha".

Itaboraí, cidade histórica do Estado do Rio de Janeiro, localizada na região metropolitana, é o resultado da união de três importantes vilas do passado colonial e imperial do Brasil: Santo Antônio de Sá, São João de Itaboraí e São José Del Rey. A maior delas, a Vila de Santo Antônio de Sá, segunda formação do Rio de Janeiro no recôncavo da Guanabara; A Vila de São João de Itaboraí, inicialmente uma parada de tropeiros, que mais tarde se tornaria o maior produtor açucareiro da região e principal entreposto comercial ligando o norte fluminense a capital da província; e a Vila de São José Del Rey (conhecida como São Barnabé, ou Itambi), cuja região fora uma importante Missão Jesuítica entre os índios Maromomis e Tamoios que por aqui habitavam. (Para conhecer mais sobre o Município leia: História - Portal Oficial da Prefeitura de Itaboraí - Prof. Cláudio Rogério S. Dutra - Secretário Presidente FCI - Fundação cultural de Itaboraí."

Seguimos em direção ao município de Tanguá.

Capítulo XL

Breve história do Município de Tanguá

"Tanguá é um município do Leste Metropolitano, na Região Metropolitana do Rio de Janeiro, no estado do Rio de Janeiro, Brasil. Com menos de 35.000 habitantes, é o município menos populoso do Grande Rio, e seu desmembramento do município vizinho de Itaboraí é relativamente recente.

A principal rodovia que dá acesso ao município é a BR-101. O município de Tanguá também é cortado pela estrada de ferro que já teve as seguintes denominações: Linha do Litoral-Cia. Ferro-Carril Niteroiense (1878-1887); Estrada de Ferro Leopoldina (1887-1975); Rede Ferroviária Federal (RFFSA) (1975-1996), e que está atualmente sob concessão da Ferrovia Centro-Atlântica.

Em 6 de abril de 1950, um grave acidente ferroviário de grandes proporções ocorreu com mais de cem vítimas fatais. A causa apontada para tal evento foi: as águas do rio foram desviadas do seu leito natural, ficando muito próximas da cabeceira da ponte, provocando erosão. O trem conhecido como "noturno campista", com cinco vagões e uma locomotiva, caiu no rio Tanguá, após o aterro da cabeceira da ponte ferroviária ter sido atingido pelas forças da correnteza das águas do rio após forte chuva. O acontecimento fatídico, de forte apelo visual, ainda foi exibido nas telas do cinema na época.

No início dos anos 1980, deixaram de circular os trens de passageiros que uniam Niterói e Rio de Janeiro a Vitória. Até 1984, circulava pela ferrovia o Trem Cacique, um trem de passageiros de longa distância de luxo, que ligava o Rio de Janeiro a Cachoeiro de Itapemirim." (Wikipédia\Tanguá).

Capítulo XLI

História do Município de Rio Bonito

Um lugar que pouco conheço. Minha filha Denise é tutora no campus avançado da Universidade UNIRIO, e uma vez participamos de um evento de carros antigos no município.

"Conta a história que o 'batismo' da localidade com nome de Rio Bonito se deveu ao fato de os 'Sete Capitães' ao se dirigirem a Macaé, ficarem impressionados com um belo riacho que atravessava a região. Porém, as informações sobre o povoamento de Rio Bonito datam da segunda metade do século XVIII.

Arruinado o templo, outro foi construído a cerca de uma légua do primeiro, mantido sob a proteção da mesma padroeira, passando a freguesia a ser conhecida como 'Nossa Senhora da Conceição do Rio Bonito'. Após certo período de participação no ciclo de cana--de-açúcar, a economia local foi envolvida pela expansão do café, que passou a ocupar as melhores terras da região, tornando-se em pouco tempo uma de suas maiores fontes de riqueza.

O progresso apresentado pela freguesia induziu governo, em 1846, a criar o município de Nossa Senhora da Conceição do Rio Bonito, cuja emancipação deu-se com o advento da Lei Provincial 381, de 7 de maio daquele ano e a instalação em 1º de outubro, cujas terras foram desmembradas dos municípios de Saquarema e Capivari (atual Silva Jardim), sendo elevada à categoria de vila.

A autonomia administrativa e a escolha de Rio Bonito como terminal de um ramal da Companhia de Ferro-Carril Niteroiense fizeram desta localidade o verdadeiro entreposto da produção e do comércio da região. O desenvolvimento da vila motivou sua elevação à categoria de cidade em 1890.

Pelo Decreto Provincial n.º 955, de 17 de setembro de 1857, e pelos Decretos Estaduais n.º 1, de 08-05-1892, e n.º 1-A, de 03-06-1892, foi criado o distrito de Boa Esperança e anexado à vila de Nossa Senhora da Conceição do Rio do Ouro. Em 31 de dezembro de 1971 aconteceu outra divisão territorial, onde o município foi constituído de três distritos: Rio Bonito, Basílio e Boa Esperança. Assim permanecendo até os dias atuais". (Extraído do site/https// riobonito.rj,gov.br).

XLI. 1 Acampamento Batista Fluminense

Saímos de Rio Bonito em direção a Silva Jardim. Por um lapso de memória, não citei anteriormente o Acampamento Batista Fluminense em Rio Bonito, um lugar agradabilíssimo, com uma bela estrutura física e natural, onde são realizados vários eventos promovidos pela Convenção Batista Brasileira, encontros de Pastores, Igrejas, Sociedade Feminina Missionária e Mensageiras do Rei. Minha mãe participou de vários encontros da Sociedade Feminina Missionária. Minha irmã Rita, membro da Primeira Igreja Batista em Campo Grande, e minha sobrinha Elayne, membro da Primeira Igreja Batista em Queimados, participaram do Acampamento das Mensageiras do Rei.

Um amigo, capelão militar, Carlos, lotado na época no Hospital Militar da PM em Niterói, participou de uma palestra sobre o trabalho missionário da União dos Homens Batista Litorânea e sobre o trabalho da Capelania Civil Militar e hospitalar. Foram três dias de oficina, sobre como lidar com os militares na Capela Ecumênica e sobre o trabalho de música terapia na pediatria. Na época ele era presidente da Convenção Batista Litorânea e membro da Primeira Igreja Batista de Vilatur, em Saquarema.

Capítulo XLII

História do Município de Silva Jardim

Seguimos em direção a Silva Jardim, um dos municípios pelos quais tenho grande apreço. Estive lá várias vezes; fui a eventos de carros antigos, levei minhas netas para realizarem concursos públicos e até para uma entrevista de emprego num banco.

Tenho várias fotos.

Meu filho Edgard Jr concluiu um curso teológico, no Centro Educacional Teológico das Assembleias de Deus no Brasil (CETADEB), e atualmente é pastor itinerante. Uma grande vitória para quem militou, por muitos anos, nas garras do mal, mas que foi liberto pelo sangue do Senhor Jesus Cristo.

Quando jovem, um amigo da Primeira Igreja Batista de Campo Grande, convidou-me para realizarmos um culto de ensino das Escrituras Sagradas na casa de uma família conhecida, ou parente, dele. Quinzenalmente íamos lá, e era uma aventura; saímos de Campo Grande à tardezinha e chegamos ao anoitecer. Na estrada, saltamos do ônibus e tínhamos que atravessar um pequeno córrego sobre uma ponte bem precária, eram dois trilhos de trem virados de lado, um junto ao outro. Meu amigo atravessava em pé, eu não tinha coragem; ele ria.

Sempre dormimos lá. Certa vez, durante a madrugada, meu amigo deu um grito, algum bicho havia-lhe mordido; o pessoal da casa providenciou lamparinas, não havia rede elétrica. O dedo ferido apresentava marcas iguais à de uma mordida de cobra; fomos procurar o animal, e encontramos uns gatinhos, filhotes, estes é que haviam mordido seu dedo pensando ser uma cobra.

Um dia fui sozinho e tive que cantar; mesmo sendo terrivelmente desafinado. No dia seguinte, quis conhecer uma igreja próxima à casa; peguei um caminho inteiramente deserto, nenhuma alma à vista. Depois de andar bastante, cheguei a uma bifurcação e não sabia que direção tomar, então optei pela via que me parecia mais usada. Caminhei muito sob um sol escaldante; num determinado momento, ouvi vozes de pessoas brincando numa piscina natural e, ao observar melhor, vi que era o local de onde tinha saído. Retornei, peguei o caminho certo e, depois de muito andar, encontrei um casal com dois filhos num animal de carga indo para a igreja. Os dois filhos iam nos cestos laterais do animal, o homem montado e a mulher a pé. Quando chegamos a um rio, a mulher tirou os sapatos para atravessá-lo, falei que minha mãe, ao atravessar qualquer rio, colocava os sapatos, pois dizia não conhecer o fundo. No trajeto encontramos um senhor vindo das montanhas bem distantes, ele nos disse que tinha saído às quatro horas da manhã para poder chegar às oito horas, hora do culto.

Lembrei de meu professor de hermenêutica, que dizia para termos a atenção voltada para o pessoal do campo, que caminhava longas horas para ouvir a pregação. Não poderíamos ser concisos nas mensagens, elas deveriam ser longas para compensar a caminhada. Era o único tempo que eles tinham para ouvir e participar do culto. Já na cidade as pregações deveriam ser curtas, pois os ouvintes tinham outros afazeres e não disponham de tempo suficiente para ficar muito tempo na igreja.

Após o culto da manhã, o rapaz convidou-me para almoçar em sua casa, o cardápio era carne de tatu. Em frente à igreja, havia um campo de futebol; no retorno do almoço, o jogo havia terminado, então pedi uma carona. O caminhão estava cheio de jogadores e torcedores, mas fui assim mesmo. Deus tomou conta de nós.

Algo que admiro em Silva Jardim é o cuidado da prefeitura com o meio ambiente e os animais silvestres. Em toda a extensão da rodovia BR 101, há passagem aérea para animais de pequeno porte e um viaduto para animais maiores e répteis.

"Seu nome atual é uma homenagem ao advogado e republicano Antônio da Silva Jardim.

Anteriormente o município chamava-se *Capivari*, cuja fundação se deu no ano de 1801, nas terras de D. Maria Rodrigues, viúva de Manoel da Silveira Azevedo, onde o casal havia construído uma capela em devoção à Sant'Ana.

A viúva doou a capela e seu entorno, para a criação da Paróquia de Nossa Senhora da Lapa de Capivari, a pedido da população local.

No entorno da capela formou-se o vilarejo, que posteriormente foi elevado à categoria de freguesia, e mais adiante à categoria de vila, por decreto de 1841, separando-se definitivamente do município de Cabo Frio. A condição imposta para o desmembramento, era de que alguns fazendeiros locais se responsabilizassem e construíssem uma câmara, que executava as mesmas funções atuais de uma prefeitura, bem como uma cadeia para a nova vila.

O Major Joaquim Fernandes Lopes Ramos, o Alferes Luiz Gomes da Silva Leite, juntamente com alguns membros da família Pinto Coelho, executaram as construções entre os anos de 1841 e 1843, atendendo assim às exigências.

A partir do ano de 1943, a vila de Capivari teve seu nome modificado para Silva Jardim, denominação esta que perdura até os dias atuais". (Wikipédia\Município de Silva Jardim)

XLII. 1 Breve relato do Distrito Aldeia Velha

Antes de irmos para outro município, Casimiro de Abreu, faremos uma pequena pausa para conhecer Aldeia Velha, um exuberante distrito turístico de Silva Jardim. Tenho uma leve suspeita de ser esse lugar onde, com meu amigo da Primeira Igreja Batista de Campo Grande, realizamos evangelismo numa casa de um trabalhador na fazenda de cana de açúcar.

Lendo a história de Aldeia Velha, no site da Wikipédia, tenho a sensação de estar vivendo outra vez aqueles momentos maravilhosos de peregrinação por aquelas estradas, pelas verdejantes matas, os rios e lagos com suas águas cristalinas.

"A origem de Aldeia Velha se confunde com a origem de Casimiro de Abreu. Originou-se de um antigo aldeamento dos índios Guarulhos, fundado em 1748 pelo capuchinho italiano Francisco Maria Táli, no lugar hoje conhecido por Aldeia Velha.

Neste local, foi erguida a primeira capela dedicada à Sacra Família, tendo a população nascente recebido, em 1761, Foros de Freguesia, sob a denominação da Sacra Família de Ipuca, declarada perpétua em 1800.

Arruinada a Capela e devido à ocorrência frequente de surtos de epidemias na localidade, a sede da Freguesia foi transferida para junto da foz do Rio São João (atualmente Barra de São João), onde se edificou uma Igreja, consagrada a São João Batista.

A localidade de Aldeia Velha, ou Quartéis, situa-se no pé da Serra do Mar na divisa política entre os municípios de Silva Jardim e Casimiro de Abreu, distante 8 quilômetros da BR-101 e da portaria da Reserva Biológica Poço das Antas por uma estrada ainda não pavimentada. É um lugar de belezas naturais sem igual, habitat do Mico Leão Dourado.

Nos afluentes do rio quartéis podemos encontrar as seguintes cachoeiras: Cachoeira 7 quedas, um complexo de 7 cachoeiras preservadas por uma RPPN com visita permitida apenas com guia; Cachoeira do Escorrega, em outro afluente do rio, do rio quartéis, localizado no sítio 3M com entrada livre possui 3 cachoeiras no complexo e estrutura de bar.

Além das cachoeiras, o rio Quartéis passa pela vila e possui ótimos poços para banho como o poço da Raiz, Poço da Surucucu, poço da Ponte, entre outros.

No Rio Aldeia Velha estão localizadas as seguintes cachoeiras: A Cachoeira do Macharet, onde é cobrado a entrada, possui ainda estrutura de restaurante; A Cachoeira das Andorinha, onde é cobrado a entrada, é um Complexo de 4 cachoeiras que formam ótimos poços para banho e possui estrutura de restaurante.

O rio Aldeia Velha também possui poços para banho próximo da vila como o Poço do Ernesto, Poço do Bambuzal, Poço do Barranco, entre outros.

A localidade de Aldeia Velha ainda possui um terceiro rio mais afastado da vila, o ribeirão dos 40, que possui alguns poços bonitos para banho, como o Poço Perdido, porém com acesso mais difícil que os outros dois rios." (Wikipédia\Aldeia Velha\Silva Jardim).

Capítulo XLIII

História do Município de Casimiro de Abreu

Continuando nossa viagem a Rio Dourado, o trem sai de Silva Jardim e adentra, com todo garbo, soltando fumaça, apitando e tocando o sino, em Casimiro de Abreu, um município de que gosto muito. De vez em quando, o visito, seja no litoral, Barra de São João, um de seus distritos, seja no Centro Administrativo do Município, seja em Lumiar, na serra contígua a Nova Friburgo e São Pedro da Serra. Tanto em Lumiar quanto em São Pedro da Serra, sempre degusto um filé de truta com alcaparras; há vários e excelentes restaurantes, desde a entrada em Casimiro de Abreu até São Pedro da Serra.

Estive pela primeira vez em Casimiro de Abreu na área de rafting, no Natural Rafting, com minha filha Denise e meu neto Theodoro. Acampamos no local a convite de um grupo de trilha e ecoturismo de Saquarema; eu desci as correntezas no rio Macaé; Denise e Theo após descerem as corredeiras, fizeram trilhas nas redondezas. Outra vez fui sozinho. Primeiramente, passei pela Barra de São João, fotografei a ponte destruída da Igreja de São João da Barra. Junto à praia, degustei um excelente pargo frito, depois fui para o Nativa Rafting, onde acampei e desci as corredeiras.

Nesse mesmo dia, em outro barco, desceu um casal de americanos, e eu, como estrelinha, não poderia perder a oportunidade de arranhar um inglês de cais de porto. Por curiosidade, estudei dois anos português e inglês, em uma faculdade de letras em Campo Grande; tranquei a matrícula para minha esposa concluir seus estudos de pedagogia.

No dia seguinte, fui até Lumiar e quase perdi meu carro, não lembrava onde tinha estacionado.

"A história do município de Casimiro de Abreu está diretamente ligada à criação, em 1502, da feitoria de Cabo Frio pela expedição comandada por Américo Vespúcio. Seguindo uma política portuguesa da época, aos capitães vitoriosos nas batalhas contra a invasão estrangeira eram oferecidas sesmarias, para o cultivo e a colonização da terra.

Em apoio à feitoria de Cabo Frio, foram criadas no ano de 1616 a Aldeia de São Pedro e a sesmaria de Campos Novos, entre São Pedro e o Rio Peruíbe (Peruíbe, é um vocábulo derivado da língua Tupi que significa "Rio de Tubarões"), atual Rio São João.

A primeira citação da constituição de uma comunidade na margem esquerda do Rio Peruíbe data de 1619, quando padres jesuítas, acompanhados de colonos vindos da Sesmaria de Campos Novos, instalada três anos antes, fundaram o Arraial de Barra de São João, erguendo uma capela em homenagem a São João Batista no local onde hoje se encontra a atual Capela. O desenvolvimento desta comunidade se deu sem nenhum registro histórico conhecido até 1801.

Em 1942 uma ponte que serviria de passagem do trem da Estrada de Ferro Maricá sobre o Rio São João, na divisa entre Barra de São João e Cabo Frio, foi inaugurada com a presença do presidente da república Getúlio Vargas e do governador do Estado, Amaral Peixoto. No entanto esta ponte nunca foi utilizada para este fim, pois a obra da linha férrea que vinha sendo construída foi interrompida bem distante da cidade. A ponte passou a ser utilizada para passagem de carros, vindo a ruir tempos depois.

Em 30 de agosto de 1967 cria-se o Brasão de Armas do município, tendo como datas históricas o ano de 1748 – data da fundação do povoado da Aldeia de Ipuca – e o ano 1938, data da mudança de nome para Casimiro de Abreu.

Com a emancipação de Rio das Ostras em 1992, Barra de São João tornou-se o único pedaço de litoral do município de Casimiro de Abreu.

Por força da Lei Municipal nº 360, de 22 de novembro de 1996 foi criado o distrito de Professor Souza e anexado ao município de Casimiro de Abreu, o mesmo acontecendo com Rio Dourado em 25 de junho de 1997, através da Lei Municipal nº 396". (Extraído// http://www.casimirodeabreu.rj.gov.br/historia.html).

Ainda estamos em Casimiro de Abreu, algumas curiosidades...

Extraterrestres em Casimiro de Abreu: a cidade parou para receber os alienígenas. Há 40 anos, a cidade recebeu milhares de pessoas vindas de diversos países para um encontro com Ets.

Estava tudo certo: os jupiterianos iriam descer no Brasil em 8 de março de 1980.

Saiu no Jornal Nacional. Virou comoção mundial.

Milhares de pessoas foram para o lugar marcado.

A imprensa estrangeira veio para cobrir o feito. A Nasa mandou um representante.

"No dia 8 de março de 1980, a cidade de Casimiro de Abreu estava abarrotada de gente. Todos estavam lá para a recepção de gala aos extraterrestres.

O prefeito chegou a comprar uma enciclopédia Barsa, super cara, para presentear os amigos intergalácticos. Uma lei seca foi instaurada. Não podia ter bafo de cachaça. Mesas com frutas foram postas para os visitantes ilustres.

A coordenação daquele contato imediato deu até um tipo de dez mandamentos do que poderia e do que não poderia acontecer. Uma dessas obrigações passava pelo controle das emoções.

Isso era quase impossível. Os jupiterianos viriam acompanhados de 4 humanos que foram abduzidos. Quem eram esses sortudos? muitos perguntavam.

Diversas informações ao mesmo tempo. E todas as respostas seriam dadas às 5:40 da manhã no centro de pouso da Fazenda Nossa Senhora da Conceição, alguns quilômetros de distância do centro da cidade.

O bacana de ver era a turma se preparando e se divertindo. Tinha dança, música e, apesar da lei seca, umas bebidinhas. Os ETs não voltariam mais para Júpiter. Fato.

Bateu 5:40 e nada. 5:45 e nada. 5:50 e nada. Bateu 6:00 e nem uma luz pra dar uma animada. Cadê os jupiterianos, caramba?

Eis que chega a notícia que eles não viriam. Estava muito cheio. Estavam tímidos.

Uma turma queria linchar o principal organizador do evento. Edílcio Barbosa, o mensageiro de Júpiter, como era conhecido, teve que sair escoltado.

Esse camarada foi quem levantou toda essa história, acreditando e vendendo a ideia que os extraterrestres precisavam nos passar algo de muito importante. Revelador.

Era o ET Bilu da década de 1980. Poucos meses depois do encontro não ter rolado, Edílcio Barbosa morreu". (Jornal O Dia--coisas do Rio).

O município de Casimiro de Abreu recebeu o nome de seu ilustre filho Casimiro de Abreu, detentor da cadeira número 06 da Academia Brasileira de Letras.

"**Casimiro de Abreu** foi um dos maiores poetas da segunda geração romântica do Brasil. Esse período esteve marcado pelos temas relacionados com o amor, decepção e medo.

Viveu e escreveu pouco, no entanto, mostrou em suas poesias um lirismo ingênuo de adolescente, representado por ele mesmo em seu único livro *As Primaveras*.

Casimiro José Marques de Abreu, nasceu na Barra de São João, no Estado do Rio de Janeiro, no dia 4 de janeiro de 1839. Com apenas 13 anos, enviado pelo pai, vai para a cidade do Rio de Janeiro, trabalhar no comércio.

Em novembro de 1853 viaja para Portugal, com o intuito de completar a prática comercial e nesse período inicia sua carreira literária. No dia 18 de janeiro de 1856 sua peça *Camões e o Jaú* é encenada em Lisboa.

Casimiro de Abreu voltou ao Brasil em julho de 1857 e continua trabalhando no comércio. Conhece vários intelectuais e faz amizade com Machado de Assis, ambos com 18 anos de idade. Em 1859 publica seu único livro de poemas, *As Primaveras*.

No início de 1860, Casimiro de Abreu fica noivo de Joaquina Alvarenga Silva Peixoto. Com vida boêmia, contrai tuberculose.

Vai para Nova Friburgo tentar a cura da doença, mas no dia 18 de outubro de 1860, não resiste e morre, aos 21 anos de idade." (https.www.e biografia\casimiro de abreu)

Minha esposa, Nerias Barbosa Pinto Neves, *in memoriam*, de quem tenho imensas lembranças, gostava das poesias de Casimiro de Abreu e, na adolescência, as declamava em eventos escolares, como o célebre poema a seguir:

Meus Oito Anos

Oh! que saudades que tenho
Da aurora da minha vida,
Da minha infância querida
Que os anos não trazem mais!
Que amor, que sonho, que flores,
Naquelas tardes fagueiras
À sombra das bananeiras,
Debaixo dos laranjais!

Como são belos os dias
Do despontar da existência!

— Respira a alma inocência
Como perfumes a flor;
O mar é — lago sereno,
O céu — um manto azulado,
O mundo — um sonho dourado,
A vida — um hino d'amor!
Que aurora, que sol, que vida,
Que noites de melodia
Naquela doce alegria,
Naquele ingênuo folgar!
O céu bordado d'estrelas,
A terra de aromas cheia
As ondas beijando a areia
E a lua beijando o mar!
Oh! dias da minha infância!
Oh! meu céu de primavera!
Que doce a vida não era
Nessa risonha manhã!
Em vez das mágoas de agora,
Eu tinha nessas delícias
De minha mãe as carícias
E beijos de minha irmã!
Livre filho das montanhas,
Eu ia bem satisfeito,
Da camisa aberta o peito,
— Pés descalços, braços nus —
Correndo pelas campinas
A roda das cachoeiras,
Atrás das asas ligeiras
Das borboletas azuis!
Naqueles tempos ditosos
Ia colher as pitangas,
Trepava a tirar as mangas,
Brincava à beira do mar;

Rezava às Ave-Marias,
Achava o céu sempre lindo.
Adormecia sorrindo
E despertava a cantar!

Minha mãe também gostava e, sempre que possível, declamava na igreja o poema *Deus*, de Casimiro de Abreu.

Deus

Eu me lembro! eu me lembro! – Era pequeno
E brincava na praia; o mar bramia
E, erguendo o dorso altivo, sacudia
A branca escuma para o céu sereno.

Eu disse a minha mãe nesse momento:
"Que dura orquestra! Que furor insano!
Que pode haver maior do que o oceano,
Ou que seja mais forte do que o vento?!"

Minha mãe a sorrir olhou pros céus
E respondeu: – "Um Ser que nós não vemos
É maior do que o mar que nós tememos,
Mais forte que o tufão! Meu filho, é – Deus!

Capítulo XLIV

Rio Dourado

Vamos para a última etapa de nossa viagem, Rio Dourado.

Após nossa maravilhosa estadia e pausa em Casimiro de Abreu, seguimos para nosso destino final, o tão sonhado Sítio do Sossego.

Quando o trem chegou à estação de Rio Dourado, com toda sua imponência, parou, com o escândalo característico de um trem a vapor, soltando fumaças brancas e dando, em seguida, um longo suspiro, como se dissesse: "enfim cheguei".

Eu, com a curiosidade de todo adolescente, fiquei extasiado com a viagem e a oportunidade de conhecer o Sítio do Sossego. Uma condução nos esperava próximo à estação, embarcamos em direção ao Sítio.

A estação do trem, hoje, está destruída e ocupada por pessoas; dizem que são antigos trabalhadores da ferrovia.

Em direção ao Sítio do Sossego, a estrada era de chão, e a vista, maravilhosa; montanhas cobertas de matas verdejantes, um vale encantado, algumas fazendas.

Chegamos ao local, e a primeira visão que tive foi da bela casa do pastor Alvin Hatton, líder e pioneiro da criação das Embaixadas do Rei, em todas as Igrejas Batistas do Brasil, e responsável direto pela compra do Sítio. Ao fim desse meu relato da viagem, transcrevo um artigo das memórias do pastor Alvin Hatton sobre a compra do Sítio.

Os dias ali passados foram maravilhosos. Logo na chegada, fomos divididos em grupos, para melhor controle pelos responsáveis; cada grupo tinha um conselheiro. Fomos acomodados nas instalações aconchegantes e confortáveis, os apartamentos, dos quais tenho uma vaga lembrança. Ficavam próximos à entrada do sítio; no corredor, abaixo deles, ficava o salão para reuniões, culto e ensino da Palavra de Deus, bem como o restaurante.

No vale, um belo e cristalino córrego, com uma piscina encravada entre algumas pedras, onde nos refrescamos e participamos de disputas em natação. Nos espaços gramados, o campo de futebol, voleibol e basquete, onde nos exercitamos.

No alvorecer, cantávamos o Hino Nacional e o dos Embaixadores do Rei; durante o cântico, eram hasteadas as bandeiras do Brasil, do Estado do Rio de Janeiro e dos Embaixadores, um momento de rara beleza cívica. Tive momentos incríveis de aprendizado e confraternização.

Encantados, extasiados e revigorados retornamos às nossas residências, após essa inesquecível experiência e maravilhosa viagem. Repito a frase do saudoso pastor Alvin Hatton: "Embaixador do Rei! Para sempre Embaixador".

Participei, em outras ocasiões, como conselheiro da Embaixada do Rei da Segunda Igreja Batista do Rio de Janeiro de Engenho de Dentro. Meu filho Edgard Júnior, meu irmão pastor Jorge Domingos Pinto Neves, já falecido, e meus sobrinhos também acamparam nesse Sítio. Em outra ocasião, com as Mensageiras do Rei, minha irmã, minha filha e minha sobrinha.

Obrigado a todos que me acompanharam nesta extraordinária aventura!

Capítulo XLV

História do Sítio do Sossego

Pastor Alvin W. Hatton

"Um dia no ano de 1950 eu estava na sala do Dr. T. B. STOVER, Diretor da Casa Publicadora Batista (JUERP), na Praça da Bandeira, Rio. Pr. DAVID GOMES também estava lá e falou de um sítio no Estado do Rio de Janeiro, onde ele passara férias. Ele falou com Dr. STOVER, e creio que Dr. EDGAR HALLOCK estava presente também.

— Dr. STOVER, vá lá comigo visitar esse sítio. É um lugar ótimo para acampamentos. É do Professor Moyses Silveira e ele quer vender.

Eu vi que o Pr. DAVID não tinha muita possibilidade de levar nem STOVER, nem HALLOCK, sobrecarregados como estavam com outras tarefas. Expressei o meu interesse em ir lá para conhecer o sítio. Combinamos tudo e um dia no mês de julho saímos cedo. Eu estava morando em Sumaré, Estado de São Paulo, estudando na Escola de Línguas e Orientação em Campinas. Mas estava no Rio de Janeiro assistindo a reunião da Missão Batista do Sul. Deixei KATIE e LYDIA, de um ano, no IBER, onde ficamos hospedados, e fui com o Pr. DAVID.

A viagem que hoje e tão fácil (duas horas do Rio), com a ponte Rio-Niterói e asfalto da BR-101, no ano de 1950 não era nada fácil.

Viajamos num Ford 1948 que a Missão comprou para Dr. PAULO C. PORTER, mas que estava comigo durante as férias dele. Quanto tempo ficamos na fila na Praça XV esperando nossa vez de entrar na barca? Não me lembro, mas às vezes levamos horas. Não existia a estrada BR-101 e o caminho melhor era a estrada Amaral Peixoto, passando por Maricá e Araruama. Mas não estava asfaltada, senão um pequeno trecho na serra de "Mato Grosso".

De qualquer maneira chegamos no Sítio do Sossego, encontramos o Professor Moyses, andamos bastante no sítio e conversamos.

— Bem, Professor, gosto do seu sítio. É verdade que não tem terra plana, nem para um campo de voleibol. Só com trator de esteiras se pode resolver isso. Uma vantagem é a abundância de água. Mas a viagem do Rio para cá não é brincadeira. Mesmo de trem da Leopoldina leva-se 5 horas ou mais.

Professor Moyses estava pedindo Cr$ 80.000,00 pelo Sítio do Sossego (6 alqueires, hoje aumentado para 29 alqueires), ou Cr$ 70.000,00 à vista. Quanto significa isso na linguagem de hoje? Não sei, mas lembrei-me na época que foi esta quantia (não sei se 70 mil ou 80 mil) que Miss DORINE HAWKINS pagara por um carro, também um Ford' 48. E em dólares isso representava um pouco mais de US$ 2.000.00 (dois mil dólares).

Então pensei comigo mesmo - "este preço está barato, esse sítio vale mais do que um carro, um carro que acaba tão depressa, e o sítio fica... Antes de despedir-me do Professor Moyses falei:

— Professor, quero comprar o sítio. Sei que não adianta pedir da missão, nem da Junta (JUERP). Mas pretendo lutar para arranjar o dinheiro. Se for a vontade de Deus vamos conseguir.

Escrevi logo algumas cartas aos Estados Unidos. Escrevi ao Dr. GILL da Junta de Richmond explicando o negócio e pedindo dinheiro adiantado do nosso salário. Mas também escrevi para vários parentes e amigos. Qual foi a minha surpresa, aproximadamente, três semanas depois, quando fui ao correio em Sumaré, e no mesmo dia recebi duas cartas: uma da minha irmã RUBY COLLINS com um cheque de US$ 1.000.00 (um mil dólares) e uma outra de um amigo WOODROW GRIFFITH, de ABILENE, com um cheque de US$ 350.00 (trezentos e cinquenta dólares). Eu estava com tanta alegria e tanta certeza que Deus havia respondido as minhas orações! Viajei logo ao Rio de Janeiro e fechei o negócio com o Professor Moyses, pois o que eu tinha em nossa poupança dava para completar os Cr$ 70.000,00.

Algum tempo depois recebi uma carta do Dr. EVERETT GILL explicando que a Junta de Richmond não pagava salário adiantado, e me lembrando que geralmente é melhor um missionário não ficar apressado nestas situações, mas esperar até que a entidade competente possa resolver. Também havia o perigo de misturar os interesses pessoais com a obra, etc., disse ele. Bem, só podia escrever a ele explicando que a compra já estava feita, e na minha opinião com a orientação de Deus, mas tinha certeza que não ia criar problemas para a Missão ou qualquer Junta ou agência da Convenção Batista Brasileira. Eu estava pronto para passar a escritura em nome da entidade certa na hora certa."

HATTON, W; ALVIN, Para Sempre Embaixador: Rio de Janeiro: JUERP, 1982, p. 48-50.

Aqui encerro esta inesquecível viagem. Agradeço a todos, principalmente ao nosso querido Deus.

Deus vos abençoe.

EMBAIXADOR DO REI – PARA SEMPRE EMBAIXADOR.

Referências

1 – Anais de História e Parcerias de Álvaro Ramon Ramos Oliveira Mestre em História Social da Cultura – PGHIS/PUC-RIO E-mail: ramonhistor@hotmail.com

2 – Wikimapia\PIBCGRJ\\ Nossa história PIBCG\RJ

3 – Estatuto da PIBRJ\1914(p5)

4 – CBB-SHBB\Convenção Batista Brasileira-Sociedade dos Homens Batista do Brasil\DNAER

5 – IPHAN\INEPAC\Estação Leopoldina Barão de Mauá

6 - Wikipédia\Locomotiva a vapor

7 – Livro Pedaços de mim\Beto Gonçalves

8 – Autor desconhecido

9 - Diário do Rio\História da quinta da Boa Vista

10 – cefet.org.rj

11 - Canhão Bolfor\Wikipédia

12 – riomemorias.com.br/edifício-anoite

13 – Wikipédia\Museu do índio

14 - Wikipédia\Escola Municipal Friedenreich El Tigre

15 – O verão das latas – UOL-notícias

16 – UOL-entretenimento-os setenta anos do Maracanã

17 – UOL-AH-aventura da história\ Diário do Rio\Favela do esqueleto

18 – Linha do Tempo-História da IBSFX\Jornal Batista de 1920 – Igreja Batista de São Francisco Xavier

19 – MEIN, Mildred Cox, um judeu errante no Brasil, Salomão Ginzburg 1867-1927\Casa Publicadora Batista, 1956

20 – Jornal Batista de 12\06\1901 - 2 Igreja Batista do Rio de Janeiro – Engenho de Dentro - Câmara dos Vereadores Moção de Aplausos\ ver S. Ferraz

21 - Wikipédia - História da Favela de Mangueira

22 - História da fábrica Chapéu Mangueira

23 - Estrada de ferro auxiliar\Wikipédia

24 – Lafer\Klabin-Pioneiros Fábrica Klabin\ Empreendedores-USP\Wikipédia

25 – Diário do Rio - História do Shopping Nova América\Wikipédia

26 – Wikimapia.org/Primeira Igreja Batista em Inhaúma

27 – PIB de Bento Ribeiro: Home/pibbentoribeiro.com/https://www.pibbentoribeiro.com

28 – Primeira Igreja Batista em Rocha Miranda/@pibrochamiranda

29 – Nair de Teffé - Wikipédia

30 – Wikipédia\Francisco Alves

31 – Wikipédia\Fábrica Kibon-Memória de São Cristóvão

32 – Wikipédia\Benfica-Polo Industrial do Rio de Janeiro

33 – O Dia\História do Complexo de Manguinhos com a FIOCRZ

34 – Wikipédia\Bairro de Ramos

35 – Wikipédia\Bairro Bonsucesso

36 – Wikipédia\Bairro Olaria

37 – Extraído do site da Primeira Igreja Batista de Olaria\Breve história da Primeira Igreja Batista de Olaria

38 – Wikipédia\Bairro da Penha

39 – Extraído do site da Primeira Igreja Batista da Penha\Breve história da Primeira Igreja Batista da Penha

40 – Wikipédia\Bairro Brás de Pina

41 – Facebook\Primeira Igreja Batista de Brás de Pina

42 – Wikipédia\Bairro Cordovil

43 – Facebook\Breve história da Igreja Batista de Cordovil

44 – Wikipédia\Bairro Parada de Lucas

45 – Wikipédia\Bairro e Município Duque de Caxias

46 – Site da PIBDC\Breve história da Primeira Igreja Batista de Duque de Caxias

47 – Wikipédia\Gramacho

48 – Wikipédia\Xerém

49 – Wikipédia\Campos Elíseos

50 – Wikipédia\Jardim Primavera

51 – Wikipédia\Saracuruna

52 – Wikipédia\Início da ferrovia no Brasil\Estação ferroviária Barão de Mauá

53 – (https://mage.rj.gov.br/historia. Veja também Wikipédia)

54 – História\Portal Oficial da Prefeitura de Itaboraí

55 – Wikipédia\Tanguá

56 – Extraído do site\https\\riobonito.org.rj.br

57 – Wikipédia\Município Silva Jardim

58 – Wikipédia\Aldeia Velha\Silva Jardim

59 – Extraído\http: www.casemirodeabreu.rj.gov.br\html.historia

60 – Jornal-O Dia- Coisas do Rio do Rio de Janeiro\Ets em Casemiro de Abreu

61 – https.www.e biografia\casimiro de Abreu

62 – HATTON, W; ALVIN, Para Sempre Embaixador: Rio de Janeiro: JUERP, 1982, p. 48-50.